Jeremías y Lamentaciones

Serie «Conozca su Biblia»

Jeremías y Lamentaciones

por María Eugenia Cornou

Augsburg Fortress

MINNEAPOLIS

SERIE CONOZCA SU BIBLIA: JEREMÍAS Y LAMENTACIONES

Todos los derechos reservados © 2010 Augsburg Fortress. Con excepción de una breve cita en artículos o análisis críticos, ninguna parte de este libro puede ser reproducida en ninguna manera sin antes obtener permiso por escrito del publicador o de quienes son dueños de los derechos de reproducción.
Este volumen es parte de un proyecto conjunto entre la casa editora, la División de Ministerios Congregacionales de la Iglesia Evangélica Luterana (ELCA) y la Asociación para la Educación Teológica Hispana (AETH), Justo L. González, Editor General.
Excepto cuando se indica lo contrario, el texto bíblico ha sido tomado de la versión Reina-Valera 1995. Copyright © Sociedades Bíblicas Unidas, 1995. Usado con permiso.

Diseño de la cubierta: Diana Running; Diseño de libro y portada: Element, llc

ISBN 978-0-8066-9685-0

El papel usado en esta publicación satisface los requisitos mínimos de la organización American National Standard for Information Sciences —Permanencia del Papel para Materiales Impresos, ANSI Z329.48-1984.

Producido en Estados Unidos de América.

SERIE CONOZCA SU BIBLIA: JEREMÍAS Y LAMENTACIONES

Copyright © 2010 Augsburg Fortress. All rights reserved. Except for brief quotations in critical articles or reviews, no part of this book may be reproduced in any manner without prior written permission from the publisher. Visit http://www.augsburgfortress.org/copyrights/contact.asp or write to Permissions, Augsburg Fortress, Box 1209, Minneapolis, MN 55440.
This volume developed in cooperation with the Division for Congregational Ministries of the Evangelical Lutheran Church in America, which provided a financial grant, and the Asociación para la Educación Teológica Hispana, Series Editor Justo L. González.
Except when otherwise indicated, scripture quotations are taken from the Reina-Valera 1995 version. Copyright © Sociedades Bíblicas Unidas, 1995. Used by permission.

Cover design: Diana Running; Book design: Element, llc

The paper used in this publication meets the minimum requirements of American National Standard for Information Sciences—Permanence of Paper for Printed Library Materials, ANSI Z329.48-1984.

Manufactured in the U.S.A.

Esta serie

«¿Cómo podré entender, si alguien no me enseña?» (Hechos 8.31). Con estas palabras el etíope le expresa a Felipe una dificultad muy común entre los creyentes. Se nos dice que leamos la Biblia, que la estudiemos, que hagamos de su lectura un hábito diario. Pero se nos dice poco que pueda ayudarnos a leerla, a amarla, a comprenderla. El propósito de esta serie es responder a esa necesidad. No pretendemos decirles a nuestros lectores «lo que la Biblia dice», como si ya entonces no fuese necesario leer la Biblia misma para recibir su mensaje. Al contrario, lo que esperamos lograr es que la Biblia sea más leíble, más inteligible para el creyente típico, de modo que pueda leerla con mayor gusto, comprensión y fidelidad a su mensaje. Como el etíope, nuestro pueblo de habla hispana pide que se le enseñe, que se le explique, que se le invite a pensar y a creer. Y eso es precisamente lo que esta serie busca.

Por ello, nuestra primera advertencia, estimado lector o lectora, es que al leer esta serie tenga usted su Biblia a la mano, que la lea a la par de leer estos libros, para que su mensaje y su poder se le hagan manifiestos. No piense en modo alguno que estos libros substituyen o pretenden substituir al texto sagrado mismo. La meta no es que usted lea estos libros, sino que lea la Biblia con nueva y más profunda comprensión.

Por otra parte, la Biblia —como cualquier texto, situación o acontecimiento— se interpreta siempre dentro de un contexto. La Biblia responde a las preguntas que le hacemos, y esas preguntas dependen en buena medida de quiénes somos, cuáles son nuestras inquietudes, nuestras dificultades, nuestros sueños. Por ello, estos libros escritos en nuestra lengua, por personas que se han formado en nuestra cultura y la conocen. Gracias a Dios, durante los últimos veinte años ha surgido dentro de nuestra comunidad latina todo un cuerpo de eruditos, estudiosos de la Biblia, que no tiene nada que envidiarle a ninguna otra cultura o tradición. Tales son las personas a quienes hemos invitado a escribir para esta serie. Son personas con amplia experiencia pastoral y docente, que escriben para que se les entienda, y no para ofuscar. Son personas que a través de los años han ido descubriendo las dificultades en que algunos creyentes y estudiantes tropiezan al estudiar la Biblia —particularmente los creyentes y estudiantes latinos. Son personas que se han dedicado a buscar modos de superar esas dificultades y de facilitar el aprendizaje. Son personas que escriben, no para mostrar cuánto saben, sino para iluminar el texto sagrado y ayudarnos a todos a seguirlo.

Por tanto, este servidor, así como todos los colegas que colaboran en esta serie, le invitamos a que, junto a nosotros y desde la perspectiva latina que tenemos en común, se acerque usted a estos libros en oración, sabiendo que la oración de fe siempre recibirá respuesta.

Justo L. González
Editor General
Julio de 2005

Contenido

Esta serie v

Introducción 1

1. Llamamiento del profeta (Jer 1.1-19) 9

2. Mensajes tempranos del profeta (Jer 2.1–8.3) 15

3. Mensajes en torno a la sabiduría (Jer 8.4–10.25) 31

4. Mensajes de juicio contra Judá y contra Jerusalén (11.1–20.18) 41

5. Mensajes contra la ideología dominante (Jer 21.1–29.32) 59

6. Mensajes de consolación (Jer 30.1–33.26) 81

7. Narraciones biográficas e históricas (Jer 34.1–45.5) 99

8. Mensajes contra las naciones extranjeras (Jer 46.1–51.64) 119

9. Narración final sobre la caída de Jerusalén (Jer 52.1-34) 141

10. Lamentaciones 145

11. Conclusión 157

Bibliografía selecta 159

Introducción

Un «profeta mayor»

La clasificación tradicional de los libros de la Biblia según sus géneros literarios identifica a Jeremías como uno de los cuatro «profetas mayores» del Antiguo Testamento, junto a Ezequiel, Isaías y Daniel. Esa nomenclatura no se les atribuye por considerárseles más importantes, sino por su mayor extensión en comparación con los denominados «profetas menores» —grupo que comprende doce textos, desde Oseas hasta Malaquías, conforme al ordenamiento de la RVR.

Los «profetas mayores», con la excepción de Daniel —que la Biblia hebrea excluye de entre los libros proféticos y ubica en una sección a la que llama «Escritos»— son textos que corresponden a un movimiento conocido en la tradición hebrea como «profetismo clásico». Este se inicia en el siglo VIII a. C. con Amós, y presenta profundos cambios con relación al profetismo más antiguo —que cuenta con representantes tales como Elías, Eliseo, Natán y Samuel, entre otros. Existen dos diferencias fundamentales entre ambos. Por un lado, con los profetas clásicos comienza la literatura profética propiamente dicha, ya que los anteriores se destacan por el carácter oral. Por otra parte, hay una mudanza en el alcance de su tarea. La función primordial de los profetas antiguos es la de aconsejar a los reyes para que sigan en los caminos del Señor, o para hacerles volver de sus malas obras. En cambio, los profetas clásicos no hablan solo al liderazgo, sino también al pueblo de Judá, llamándole al arrepentimiento y a vivir conforme a las demandas de la ley de Yahvé. Incluso, varios predicadores de esta etapa dirigen oráculos hacia las naciones extranjeras.

La historia

El mensaje de Jeremías está íntimamente ligado con la historia de Judá de fines del siglo VII y principios del VI a. C. Para entonces, Asiria —uno de los imperios más poderosos y crueles de la historia— estaba en decadencia, tras varios siglos de dominio sobre vastos territorios que, desde el norte de Mesopotomia, se expandían hasta Egipto, por el oeste, y hasta Persia, por el este. Esto da lugar a que otras dos potencias se disputen la supremacía en la región: Egipto y Babilonia. La ubicación geográfica del reino de Judá le deja en el medio del conflicto de poder entre ambos por el control de los territorios heredados de los asirios. Ante esta coyuntura la nación judía se dividió internamente en dos facciones: una, mayoritaria, a favor de buscar una alianza con Egipto para evitar la conquista babilónica o caldea; y la otra, bastante más pequeña, propicia a someterse pacíficamente a Babilonia. Jeremías representa a este segundo grupo, más que por convicciones políticas, por razones teológicas. El profeta entiende que la amenaza caldea es un instrumento que Dios quiere usar para llevar a su pueblo al arrepentimiento, pero también sabe que, si Judá no se vuelve a Dios de todo corazón, Babilonia se transformará en el ejecutor del juicio divino.

En este escenario, Josías es el único rey de Judá que claramente toma la opción, en lo religioso, de andar fielmente en los estatutos de Dios, y en lo político, de alinearse a los intereses babilónicos. Josías resulta asesinado en combate contra Egipto. Después de su muerte, sus respectivos sucesores se apartan de la ley de Yahvé e intermitentemente traman planes y alianzas contra el dominio caldeo. Finalmente llega al trono Sedequías, el último rey de Judá. Tras nueve años de gobierno, toma la errada decisión de rebelarse contra Caldea, desoyendo el mensaje de Jeremías. La represalia no tarda en llegar y en julio de 587 a. C. Nabucodonosor arrasa Jerusalén por completo.

Jeremías tiene la penosa misión de predicar en la época más trágica de la historia judía veterotestamentaria. Vez tras vez se convertirá en testigo de las invasiones caldeas, de las deportaciones, de la destrucción del

Introducción

templo de Yahvé y de la caída de Sión en manos extrañas. A diferencia del profeta Ezequiel, Jeremías no irá al exilio en Babilonia. Cuando se le da la oportunidad de elegir, escoge quedarse en su tierra en ruinas y con la gente pobre de su pueblo. Paradójicamente, tras el asesinato de Gedalías —el gobernador judío designado por el imperio caldeo— sus compatriotas le llevan por la fuerza a Egipto, donde se presume que el profeta se encuentra al final de sus días.

El hombre y su pensamiento teológico

Jeremías es uno de los profetas más notables del Antiguo Testamento. Llamado por Dios a su oficio a una temprana edad (véase el comentario al capítulo 1), desarrolla devotamente su ministerio por más de cuatro décadas, durante los reinados de Josías, Joacaz, Joacim, Joaquín y Sedequías, y durante el gobierno de Gedalías, hasta el asesinato de este, y la huida masiva a Egipto.

La historia personal de Jeremías está marcada por el dolor, la soledad, la incomprensión y la hostilidad. En parte tanta dificultad se debe a que su vida transcurre durante el período más trágico de la antigua historia hebrea. Pero a ello hay que adicionarle otro aspecto que es particular de Jeremías: su pensamiento teológico. El anatotita tiene una comprensión de la fe radicalmente diferente a las creencias de la mayoría de sus compatriotas, y el confrontarles será una razón determinante en su rechazo y en su persecución. La doctrina mayoritaria —o «ideología dominante»— se basa en una interpretación errónea de las promesas hechas por Dios a David de que su trono sería perpetuamente afirmado (2 S 7.12-13) y de que Jerusalén —y en particular el templo— sería el lugar de su morada (Sal 132.13-14). Sobre estas premisas, el liderazgo y el pueblo de Judá adoptaron la idea de que Sión era inviolable, porque Yahvé nunca dejaría caer ni su ciudad, ni su casa, ni al rey de su pueblo. Esta teología se vio reforzada después de los eventos ocurridos en los días del profeta Isaías y del rey Ezequías, cuando milagrosamente Dios libró a Jerusalén de los ejércitos asirios (Is 37; 2 R 19). Pero Jeremías no acepta esa creencia. Muy por el contrario, la considera errada y en sus mensajes arremete contra ella. ¿Cuál es la razón de su falsedad? La respuesta se encuentra en el pacto deuteronómico, donde se fundamenta la teología del profeta. Según éste, todas las promesas divinas ofrecidas a Israel requieren de él su lealtad a la Ley. Es decir, se trata de promesas «condicionales», según las cuales se alcanza la bendición «si se obedece», pero «si no se obedece» acarrea la maldición (Dt 28). Este es el núcleo de la teología de Jeremías, y alrededor de este concepto desarrollará sus oráculos y sus dichos.

Semejante confrontación significará un alto costo emocional para Jeremías. En varias ocasiones, a lo largo de sus años de servicio, deja por escrito el testimonio de sus luchas internas y de las angustias que le produce el mensaje que el Señor le encomienda pronunciar, y del constante rechazo de su gente, tanto hacia las demandas de Yahvé como hacia su propia persona. Esas revelaciones de su fuero más íntimo se conocen como las «confesiones» de Jeremías (11.18–12.6; 15.10-21; 17.14-18; 18.18-23; 20.7-18), y constituyen un tesoro invaluable para la comprensión de la vida y ministerio de este tremendo profeta.

Una fuente adicional de sufrimiento será su lucha contra el descrédito y contra quienes le acusan de ser un falso profeta. Esa sombra se ceñirá sobre él por muchos años, y le causará un inmenso pesar. Sin embargo, al fin de sus días Jeremías y su teología serán reivindicados cuando, ante los ojos atónitos de la mayoría, Jerusalén caiga en manos de Babilonia. Porque, al fin de cuentas, conforme al Deuteronomio (Dt 18.22), un profeta es verdadero cuando se cumplen sus oráculos. Y ciertamente, Dios no dejará de ejecutar ninguna de las palabras anticipadas por su siervo.

El autor y la estructura del libro

El libro de Jeremías es una obra compleja que presenta una variedad de estilos literarios en lo que, en verdad, se asemeja a una antología que reúne dichos del profeta con otros materiales relacionados con su mensaje y con su historia. Por esto no es posible hablar de un único autor, sino más bien de un proceso. El principal indicio que el propio texto ofrece se remite al rollo que Jeremías dicta a Baruc, que contiene sus mensajes predicados desde los días de Josías contra Israel, contra Judá y contra otras naciones (36.2). Enfurecido, el rey Joacim quema ese documento, y entonces el profeta vuelve a dictar un segundo rollo, con el contenido del anterior, pero ahora aumentado por «muchas otras palabras semejantes» (36.32). Es muy factible que este sea la base sobre la cual trabaje Baruc

Introducción

o algún editor posterior que haya redactado el libro, agregando otros oráculos y porciones narrativas, hasta tomar su forma definitiva.

Por otra parte, este libro también es complejo porque no presenta una estructura ordenada cronológicamente. En varias ocasiones el texto avanza y retrocede en la historia, lo que exige un esfuerzo adicional de lectores y lectoras para situarse en sus diferentes contextos. Se han sugerido distintas hipótesis para explicar este «desorden». Al interior de la obra hay algunas secciones que parecen agruparse temáticamente, pero aún no se ha llegado a un consenso académico sobre la lógica de su organización.

Bosquejo

Teniendo en cuenta lo antedicho, hay quienes han sugerido descomponer la secuencia que tiene el libro de Jeremías, y reestructurarlo siguiendo una línea cronológica. Ese tipo de aproximaciones tal vez facilite su lectura desde la perspectiva histórica, pero también puede resultar algo confuso de seguir. La propuesta de este comentario será respetar el ordenamiento de la obra, tal como se encuentra en la RVR, estudiando sus capítulos conforme a un agrupamiento temático. El bosquejo, entonces, será el siguiente:

1. Llamamiento del profeta (Jeremías, 1.1-19)
2. Mensajes tempranos del profeta (Jeremías, 2.1-8.3)
3. Mensajes en torno a la sabiduría (Jeremías, 8.4-10.25)
4. Mensajes de juicio contra Judá y contra Jerusalén (Jeremías, 11.1-20.18)
5. Mensajes contra la ideología dominante (Jeremías, 21.1-29.32)
6. Mensajes de consolación (Jeremías, 30.1-33.28)
7. Narraciones biográficas e históricas (Jeremías, 34.1-45.5)
8. Mensajes contra las naciones extranjeras (Jeremías, 46.1-51.64)
9. Narración final sobre la caída de Jerusalén (Jeremías, 52.1-34)

El libro de Lamentaciones

Este es un libro pequeño que contiene cinco lamentos relacionados con la caída de Jerusalén, la destrucción del templo y las deportaciones sufridas por el pueblo de Judá durante el siglo VI a. C., tras su derrota ante Babilonia. En la Biblia Hebrea esta obra se encuentra en su tercera gran sección, denominada «Escritos», y dentro de ella, en el grupo de los cinco rollos —en hebreo, *Meguillot*— utilizados principalmente durante las festividades judías. De hecho, Lamentaciones es el texto que se lee durante la recordación de la caída de Jerusalén.

En cuanto a su autoría, se trata de un libro anónimo, aunque desde tiempos tempranos se le ha vinculado con Jeremías. Tal relación parece provenir de la interpretación de 2 Crónicas 35.25, donde dice: «Jeremías endechó en memoria de Josías. Todos los cantores y cantoras recitan esas lamentaciones sobre Josías hasta el día de hoy, y las tomaron por norma para endechar en Israel. Están escritas en el libro de Lamentos». Lo que ese versículo nos deja saber, ciertamente, es que el anatotita escribió una obra con poemas fúnebres por la muerte del rey Josías, pero tal no es el contenido de Lamentaciones, por lo que seguramente se trate de otro documento. No obstante, también es cierto que esa porción aporta la evidencia de que Jeremías compuso endechas en aquella ocasión, y bien podría haberlo hecho nuevamente ante la tragedia de Jerusalén. Hay argumentos a favor y en contra de la autoría del profeta: a favor, los que consideran la afinidad teológica entre ambos libros, y el hecho de que Lamentaciones haya sido escrito por alguien que presenció los sucesos. En contra, fundamentalmente diferencias de estilo y lenguaje entre los cinco poemas de Lamentaciones, que hacen presuponer la existencia de diferentes compositores entre ellos.

Como hemos dicho, su teología ofrece mucha semejanza con la de Jeremías. Confronta a la ideología dominante, que sostenía la inviolabilidad de Sión, y enfatiza que la raíz del sufrimiento judío se encuentra en su desobediencia al pacto deuteronómico. Por ello, sus poemas no solo son un vehículo para la manifestación del dolor y de la angustia, sino también para la confesión de los pecados nacionales, con la esperanza de que el perdón divino y sus misericordias operen en la restauración futura de la comunidad.

Introducción

Bosquejo

El libro de Lamentaciones está estructurado en cinco poemas, que ofrecen la organización del bosquejo que se seguirá en este comentario.
1. Lamento por el cautiverio (capítulo 1)
2. Lamento por la caída de Jerusalén (capítulo 2)
3. Esperanza en tiempos de lamentación (capítulo 3)
4. Lamento por el castigo de Judá (capítulo 4)
5. Oración por el pueblo (capítulo 5)

Capítulo 1

Llamamiento del profeta (Jer 1.1-19)

Introducción (1.1-3)

El libro de Jeremías comienza con una sección introductoria que, aunque breve, ofrece una importante serie de datos sobre el profeta y las circunstancias históricas que rodearon su ministerio.

La primera frase que encontramos en el texto es la declaración de que esta obra trata sobre las «palabras» de Jeremías (1.1). Este vocablo hebreo se utilizaba para designar tanto discursos como acciones, y hay quienes recomiendan traducirlo con una expresión más abarcadora, tal como «acontecimientos» o «historia» de Jeremías, diferenciando, a su vez, estas «palabras» de Jeremías de las «palabras» divinas comunicadas por medio de su siervo.

El resto del primer versículo nos presenta al profeta. Jeremías parece haber sido un nombre común entre los hebreos de su tiempo, y podría significar «Yahvé exalta» o «Yahvé confirma». Inmediatamente se nos presenta la filiación de Jeremías como hijo de Hilcías, y la pertenencia de ambos al grupo de sacerdotes que vivían en Anatot. Este era un pequeño pueblo ubicado a unas cuatro millas al nordeste de Jerusalén (cerca de la moderna ciudad de Anata), designada como una de las ciudades de los levitas dentro del territorio de la tribu de Benjamín (Jos 21.18). Esta referencia, que en principio podría parecer un simple detalle, adquiere mayor relevancia si se considera la historia de los sacerdotes de Anatot.

Descendientes, probablemente, de la familia de Elí (el sacerdote del antiguo santuario de Silo, 1 S 1-4), sus destinos sufrieron un duro revés en torno a los eventos que rodearon la sucesión al trono a finales del reinado de David. En aquel tiempo hubo una profunda división entre los líderes militares y religiosos de Israel, quienes formaron dos bandos que apoyaban a diferentes príncipes: unos, a Adonías; los otros, a Salomón. Joab, general del ejército del rey David, y el sacerdote Abiatar se aliaron con Adonías, mientras que el sacerdote Sadoc, el militar Benaía, y el profeta Natán, entre otros, respaldaron a Salomón. Tras la designación de Salomón como el siguiente rey de Israel no se hicieron tardar las consecuencias sobre sus opositores: Adonías y Joab fueron muertos, y Abiatar fue expulsado del sacerdocio de Jerusalén y desterrado a la ciudad de Anatot (1 R 2.26-27). Hay un consenso mayoritario en cuanto a creer que cuando el texto nos dice que Jeremías y su padre eran «de los sacerdotes que residieron en Anatot» (1.1), se está refiriendo al parentesco de ellos con Abiatar, y por consiguiente, a la pertenencia de ambos a una clase particular de religiosos: sacerdotes en el destierro. Tal vez Hilcías haya logrado desarrollar algunas funciones sacerdotales en su aldea antes de la reforma de Josías, cuando se cerraron todos los santuarios locales y toda la liturgia se centralizó en el templo de Jerusalén, pero no hay evidencias de que Jeremías haya ejercido alguna vez el sacerdocio. Esta historia nos ayuda a comprender mejor el ministerio de este profeta. Seguramente su distancia de los centros de poder de su tiempo sea un factor clave para que Jeremías lleve adelante un ministerio caracterizado por la denuncia y la confrontación con el sacerdocio corrupto de Jerusalén y con la casa real de Judá.

A continuación el texto afirma que «vino» al profeta «palabra de Jehová» (1.2). Es notable observar que esta expresión aparece en este libro en treinta oportunidades, y que es un concepto teológico fundamental para Jeremías. Su mensaje es autoritativo porque viene del Señor, y es esta seguridad la que le sostendrá en los tiempos tan complicados en los que se desenvolverá su ministerio.

En esta primera oportunidad, la «venida» de la palabra de Dios está señalando el momento del llamamiento de Jeremías al oficio profético, fechado en el «decimotercer año» del reinado de Josías (627/626 a. C). Existe una controversia sobre la edad que tenía Jeremías en aquel momento. Hay quienes sostienen que la referencia a la elección divina del profeta desde antes de ser formado en el vientre de su madre (1.5), significaría que el año 627/6 a. C. corresponde al del nacimiento de Jeremías. De ser así, su ministerio activo habría recién comenzado

Llamamiento del profeta

a finales del reinado de Josías. Otros estudiosos enfatizan el diálogo presente en 1.6-7 («soy un muchacho»), y creen que Jeremías era un jovencito de entre dieciséis y veinte años en el tiempo de su llamamiento, y que inició su ministerio durante el reinado de Josías, aun antes del momento cumbre de la reforma religiosa implementada por este rey en 622/621 a. C. Esta segunda perspectiva es la que se adopta en el presente comentario.

Jeremías ejerce su oficio a lo largo de cuatro décadas, desde el reinado de Josías, hasta los primeros años posteriores a la caída de Jerusalén, en 587/6 a. C. (1.2-3). Sin lugar a dudas, este profeta será testigo de una de las épocas más difíciles y penosas en la historia judía, y tendrá la ardua tarea de ser portavoz del mensaje divino a una generación rebelde que rechazará tanto a él como a su Dios.

Dios llama a Jeremías (1.4-10)

Jeremías relata en primera persona las circunstancias que rodearon su llamamiento. La narración comienza con la fórmula «vino palabra de Jehová a mí» (1.4), reconociendo que fue el Señor quien tomó la iniciativa de venir a su encuentro. Sin preámbulo alguno, lo primero que Dios le dice es que ha sido divinamente escogido para el oficio profético. Tres verbos se utilizan para tal declaración. El primero de ellos es «conocer», un término que implica, más allá de un saber intelectual, una relación íntima y un compromiso personal. El segundo verbo empleado es «santificar», y se refiere a la separación de algo o alguien para un uso específico; en este caso, para el ministerio religioso. Finalmente se utiliza el verbo «dar», que aquí introduce la especificación de la tarea concreta a la que Jeremías es llamado. De esta manera Dios se revela a Jeremías como quien le tenía en sus planes aun desde antes de su concepción y nacimiento, y lo había escogido de antemano y consagrado como profeta para comunicar su palabra, no solo a Judá, sino a las todas naciones de su tiempo.

Jeremías queda pasmado y enseguida presenta sus reparos ante semejante desafío: «¡Yo no sé hablar porque soy un muchacho!» (1.6). La expresión nos hace recordar lo dicho por Moisés al ser llamado a liberar a Israel de la esclavitud en Egipto (Ex 4.10), aunque en este caso la objeción hace hincapié en la edad y no en alguna dificultad para el habla. ¿Por qué Jeremías encuentra en su edad una limitación para el ministerio profético? Tal vez esté pensando en su falta de adiestramiento. Tal vez esté considerando que la sociedad oriental de su tiempo no les daba ninguna autoridad a los jovencitos. ¡Y la comisión que el Señor le estaba asignando era tan grande! ¿Cómo podría un muchachito hacer oír el mensaje divino al rebelde pueblo de Judá, a sus líderes infieles y a los crueles reyes de las naciones extranjeras? ¿Prestarían atención los poderosos a las profecías anunciadas por un joven de pocos años (quien, peor aun, provenía de una familia desprestigiada de la remota aldea de Anantot)?

Si consideramos esta situación desde la lógica humana seguramente coincidamos con Jeremías, pero Dios tiene otras perspectivas, «...porque Jehová no mira lo que mira el hombre, pues el hombre mira lo que está delante de sus ojos, pero Jehová mira el corazón» (1 S 16.7). Su autoridad no radicará en su propia persona, sino en la de quien lo envía, y Dios mismo lo entrenará diciéndole lo que debe predicar. Por eso no debe sentirse inseguro ni con temor, «porque contigo estoy para librarte, dice Jehová» (1.8). Para no dejarle margen de dudas, el Señor toca con su mano la boca del muchacho (1.9). Encontramos aquí cierta semejanza con el llamamiento de Isaías (Is 6.6-7), aunque los significados difieren. Para Isaías, el toque del carbón encendido sobre su boca fue una señal de purificación y limpieza de sus pecados. En el caso de Jeremías este acto simbólico representa el origen divino de su predicación. De esta manera el Señor vuelve a refutar las objeciones del joven. El profeta tendrá la capacidad de hablar y la autoridad de anunciar su mensaje porque es Dios mismo quien pone sus palabras en su boca.

Ahora Dios pasa a darle un mayor detalle sobre las implicancias de su llamamiento. Jeremías es puesto por por encima de las naciones para «arrancar y destruir, para arruinar y derribar, para edificar y plantar» (1.10). La fuerza de estas expresiones anticipa el dramatismo que rodeará el ministerio de Jeremías. De las seis acciones mencionadas, cuatro son tremendamente negativas. De hecho, la mayoría de sus predicaciones serán de ese tenor, y muchas veces, como veremos más adelante, estarán aun en contra de los propios sentimientos del profeta. Pero Jeremías también es llamado a «edificar y plantar», y ciertamente sus mensajes de consuelo y esperanza resultarán fundamentales para la reconstrucción de la nación judía durante la cautividad y en los tiempos postexílicos.

Llamamiento del profeta

Dos visiones del profeta (1.11-16)

Encontramos una nueva mención de la «venida» de la palabra de Yahvé a Jeremías (1.11), esta vez acompañada de dos visiones. No sabemos a ciencia cierta si estas acontecieron en el mismo momento en el que se dio el diálogo recién expuesto, o si ha transcurrido tiempo entre ambos eventos. Sin embargo, su inclusión en esta primera sección del texto refleja la importancia de estas visiones en la confirmación del llamamiento del profeta.

En la primera de ellas Dios hace que Jeremías observe la rama de un árbol de almendras, y acompaña esta visión con la declaración «yo vigilo sobre mi palabra para ponerla por obra» (1.12). En una primera impresión la imagen puede parecernos desconectada de la frase y sin mucho sentido. Sin embargo, en la lengua hebrea, existe aquí un interesante juego de palabras. El vocablo que se empleaba para decir «almendro» era de la familia de palabras del verbo «vigilar», seguramente por el hecho de que este árbol era de los primeros en «despertar», «en estar en vela», ante las primeras señales de la llegada de la primavera. Así como el almendro florece con prontitud en el momento indicado, así el Señor cumplirá su palabra en el tiempo justo.

En la segunda visión (1.13-15) Dios muestra a Jeremías una olla que hierve y que está a punto de derramarse, desde el norte y hacia el sur. Está cerca la hora del castigo de Judá y de Jerusalén, y el Señor usará a una nación del norte para ejecutar sus designios (1.14-16). Se anticipa así el futuro papel del imperio babilónico.

Como mencionamos anteriormente, la inclusión de estas dos visiones en esta sección tiene como función confirmar el llamamiento de Jeremías. Por un lado, la primera de ellas refuerza el compromiso de Dios con el profeta y la autoridad delegada a su mensaje. Jeremías tendrá que transmitir con firmeza el mensaje divino, porque ciertamente el Señor va a cumplir cada una de sus palabras, y lo hará pronto. Por otra parte, en la segunda visión Dios revela el agente que va a utilizar para llevar a cabo sus propósitos. Está pronta la hora del juicio contra Judá, por sus muchas maldades y su idolatría, y su castigo será ejecutado por medio de una nación del norte.

«Yo estoy contigo» (1.17-19)

¡Imaginemos, por un instante, la consternación de este muchacho ante semejante revelación! Seguramente Dios no deja de percibir sus emociones, y con firmeza le alienta y le sostiene con sus promesas. La tarea que Jeremías tiene por delante será tan exigente que requerirá que tenga «ceñida su cintura» (1.17). Recordemos que en aquellos tiempos las vestiduras masculinas eran túnicas largas, que algunas veces dificultaban el caminar. Cuando era necesario apresurarse o correr, se acostumbraba sujetar las ropas en la cintura para facilitar la libertad de movimientos. El llamamiento a Jeremías es de tal naturaleza que demanda del joven estar siempre listo y alerta para comunicar con fidelidad el mensaje divino toda vez que le sea encomendado.

Dios no le oculta las dificultades que enfrentará en su ministerio. Jeremías va a sufrir indiferencia, rechazo y hasta abierta oposición, tanto de parte de los reyes de Judá, como del liderazgo religioso y del propio pueblo. Sin embargo, una vez más, el Señor le promete su protección. Se emplean aquí varias imágenes militares. Jeremías será como «ciudad fortificada, como columna de hierro, y como muro de bronce» (1.18). Como una fortaleza inexpugnable, resistirá los ataques de los poderosos y de la gente común de su tiempo. Y, aunque prácticamente todo Judá peleará contra él, Jeremías saldrá vencedor, «porque yo estoy contigo, dice Jehová, para librarte» (1.19).

La historia del llamamiento de Jeremías nos ofrece algunas conclusiones interesantes sobre las características de un ministerio auténtico. En primer lugar, este tiene su origen en Dios. Es Dios quien elige y quien llama. «No me elegisteis vosotros a mí, sino que yo os elegí a vosotros» (Jn 15.16). En segundo lugar, no se basa en las habilidades de las personas, sino en la obra del Espíritu Santo en las mujeres y hombres que le sirven. Finalmente, un ministerio auténtico requiere de un compromiso radical con el Señor y con su palabra, aun ante el rechazo y la oposición de la gente rebelde, pero con la confianza de contar con el sostén y la protección de Dios.

Capítulo 2

Mensajes tempranos del profeta (Jer 2.1–8.3)

La infidelidad de Israel (2.1–3.5)

Nos encontramos ahora ante el primer sermón registrado en el libro de Jeremías. Es imposible asegurar que esta haya sido su primera predicación, ya que, como se señaló en la introducción, el texto no está organizado en una secuencia cronológica. No obstante, algunas referencias presentes en este discurso, tales como las referencias a Asiria (2.18) y a las ciudades egipcias de «Menfis y Tafnes» (2.16), parecen reflejar el contexto israelita correspondiente a los primeros años del ministerio de Jeremías, cuando esas naciones tenían un mayor dominio.

El tema central de esta profecía, que «vino» como «palabra de Jehová», es la infidelidad de Israel. Es un sermón intenso y apasionado, cargado de vívidas imágenes, y con un estilo semejante a los antiguos pleitos entre señores y sus vasallos rebeldes. Está estructurado en cuatro secciones principales que presentan el siguiente argumento: [1] en tiempos primitivos Israel fue fiel a Yahvé, quien siempre fue leal y bondadoso con los suyos; [2] pero luego, y sin razón alguna, este pueblo rechazó a su Señor y se volcó a la idolatría, [3] la que le llevará al sufrimiento y a la desgracia nacional. [4] Sin embargo, si se arrepiente con sinceridad, Dios, en su misericordia, está dispuesto a darle su perdón y restauración.

En su primera parte (2.1-3) el sermón recuerda la antigua fidelidad de Israel. Se remonta a la época del desierto, cuando esta nación era la «esposa» fiel y enamorada de Yahvé. Jeremías emplea aquí una imagen a la que ya había recurrido el profeta Oseas (Os 1-3), y al igual que este, presenta una versión idealizada de la fidelidad a Dios de los israelitas en el Éxodo. Tal vez nos resulte extraña esa descripción, especialmente si consideramos los muchos actos de rebeldía y las constantes quejas de Israel en ese período. De hecho, prácticamente toda esa generación murió en el desierto por causa de su incredulidad (Nm 14). No obstante, es importante destacar aquí que todo este sermón apunta fundamentalmente a denunciar a Israel por su idolatría, especialmente en pos de los dioses cananeos y de sus ritos de fertilidad. Tales prácticas no se desarrollaron en el desierto, sino después de la llegada del pueblo a la tierra prometida, por lo que es seguramente desde esta perspectiva desde la cual se considera «fiel» al primitivo pueblo israelita. En esa relación amorosa entre Yahvé y su pueblo la fidelidad era mutua. Israel era fiel y Dios también era bondadoso y fiel para con los suyos.

En la segunda sección (2.4-13) se contrasta aquella fidelidad del Israel primitivo con su posterior infidelidad. Pese a que Dios fue siempre fiel para con su pueblo, tanto en el desierto como en la tierra prometida, Israel le dio la espalda y se fue tras los dioses cananeos con ingratitud y con rebeldía. Se responsabiliza a cuatro grupos de líderes por la infidelidad de todo este pueblo: sacerdotes, levitas, gobernantes y profetas. Lamentablemente, quienes tenían el compromiso de guiar a la nación por los caminos de Dios fueron los primeros en desconocerlo, en rebelarse, en pervertir su mensaje y en volcarse a las prácticas paganas. ¡El «delito» cometido por Israel no tenía precedentes! Ninguna nación extranjera había cambiado sus dioses, aun siendo estos falsas deidades. Sin embargo, Israel, había abandonado «su gloria» (2.11), cambiando al verdadero Dios por los ídolos cananeos. La acusación contra los israelitas por este hecho inaudito se acrecienta con el uso de una imagen muy gráfica: «Porque dos males ha hecho mi pueblo: me dejaron a mí, fuente de agua viva, y cavaron para sí cisternas, cisternas rotas que no retienen el agua» (2.13). En aquella región, el agua era un recurso fundamental, especialmente para el campesinado. El sueño de cualquiera de estas personas era tener un manantial en sus propias tierras que les garantizara agua potable y fresca para todas sus necesidades. Pero pocas conseguían tener acceso a esta «agua viva», por lo que acostumbraban a construir pozos revestidos de arcilla o de cal y arena para almacenar el agua de lluvia, de inferior calidad y de rápida extinción. Con el calor, las sequías, o el paso del tiempo, el revestimiento interno de las cisternas se resquebrajaba, y el agua se escurría por las grietas. El simbolismo aquí es claro: Israel abandonó al Dios verdadero y eterno, y lo sustituyó por ídolos de barro, que no pueden satisfacerle y en quienes sus esperanzas muy pronto se verán desvanecidas.

La tercera parte esta profecía se enfoca en las consecuencias de la infidelidad de Israel (2.14-37). Perdió su autonomía, y ahora es «siervo», «esclavo», y «presa» de los poderes extranjeros de turno (2.14). Esta situación tiene una causa concreta: «¿No te acarreó esto el haber dejado a Jehová, tu Dios, cuando te conducía por el camino?» (2.17). En vano será que busquen la protección de Asiria o de Egipto, porque de persistir en este camino sufrirán irremediablemente el castigo por su maldad y su rebeldía.

Jeremías usa cuatro imágenes para describir la magnitud de la infidelidad de su pueblo (2.20-24). En la primera, compara a Israel con un animal que ha roto su yugo, que se niega a servir a su verdadero amo para servir a otros dioses, practicando los rituales de la prostitución sagrada del baalismo cananeo. En la segunda imagen, le trata como a una «vid escogida», como el fruto de una buena semilla, que sin causa alguna se degenera y se vuelve una vid silvestre. En la tercera, equipara su pecado con una mancha, que Israel creía, equivocadamente, poder limpiar con sus propios medios. En último lugar compara su conducta con la de dos animales: la dromedaria (camella), que cuando es joven anda sin rumbo de un lado para otro, y el asna montés, que en su período de celo corre desenfrenadamente ante cualquier posibilidad de aparearse. Combinando los cuatro simbolismos se tiene un dramático diagnóstico de la situación espiritual de Judá: es rebelde, depravada, autosuficiente, y está vehementemente atraída por los cultos paganos y por sus ritos sexuales. La «enfermedad» está expuesta, pero el pueblo no quiere el «remedio» (2.25). Aman a sus dioses extraños y no quieren abandonarles para volverse a Dios, aun cuando pronto les espere «andar descalzos y sedientos» (2.25) camino al cautiverio. Se aproximan tiempos de gran sufrimiento y de terribles calamidades, cuando el liderazgo y el pueblo comprueben con vergüenza que sus falsos dioses no pueden ayudarles.

La cuarta y última parte contiene un conmovedor llamado al arrepentimiento (3.1-5). La profecía retoma la imagen del matrimonio e introduce la cuestión del divorcio. La ley deuteronómica prohibía que un hombre divorciado pudiera volver a casarse con su ex esposa si ella había estado casada con otro hombre después de su divorcio (Dt 24.1-4). Se desconocen los motivos de esta prohibición. Se ha pensado que esta ley podía tener como objetivo que la decisión del divorcio no se tomara a la ligera, sabiendo que una vez realizado no había retorno posible para esa pareja. También se ha sugerido que su propósito era la preservación del segundo matrimonio, pero sea cual fuere su razón, tal práctica era prohibida y considerada como una aberración.

El uso de esta imagen aquí tiene un claro significado: en tiempos primitivos Israel era la esposa de Yahvé, pero luego lo abandonó por otros. ¿Podía ella ahora volver al Señor? ¡Seguramente toda la audiencia de este sermón ha pensado que no! Sin embargo, lo que Jeremías está anunciando aquí es que, si su pueblo se arrepiente y decide volver a Dios, Yahvé está listo para recibirle. Su amor y su misericordia son tan grandes que está dispuesto a ignorar sus propios preceptos con tal de restaurar su pacto con su «esposa». Este es el aspecto más sobresaliente de este discurso, coincidente con el mensaje divino experimentado y anunciado más de un siglo atrás por el profeta Oseas. Tristemente, al igual que en aquellos tiempos anteriores, esta tremenda oportunidad será nuevamente rechazada.

Entre las muchas cuestiones que abarca este sermón, está la consideración de la relación entre la comunidad de creyentes y la sociedad en su derredor. En su contacto con las naciones paganas, Israel pervirtió su fe y fracasó en seguir al Señor y en anunciar su mensaje a las demás naciones. Hoy, al igual que durante toda su historia, la iglesia enfrenta el mismo peligro. Cuando se «mezcla» demasiado, se «contamina». Cuando se aísla para «mantener su pureza», su misión pierde efectividad. Jesucristo nos ha enviado a ser «sal» y «luz» en este mundo, tarea que sólo puede desarrollarse en contacto con toda clase de personas, pero siempre considerando lo que más adelante advertirá nuestro profeta: «¡Conviértanse ellos a ti, mas tú no te conviertas a ellos!» (15.19).

Las dos «hermanas» pecadoras (3.6–4.4)

A semejanza del anterior, este sermón trata sobre la infidelidad del pueblo de Dios, y contiene un conmovedor llamado al arrepentimiento. En él, Jeremías sigue usando la figura del matrimonio entre Dios y su pueblo, aunque agrega aquí una nueva imagen para establecer una

Mensajes tempranos del profeta

comparación entre Israel (el reino del Norte) y Judá (el reino del Sur): la metáfora de las dos «hermanas».

Israel, como una «esposa infiel», ha sido repudiado por Dios a causa de sus prácticas idolátricas (3.7-8). (Recordemos aquí que aproximadamente un siglo antes de pronunciarse esta profecía, Israel había caído en manos del imperio asirio, y que este acontecimiento se había producido por causa de su apostasía). Por su parte, Judá ha seguido el mismo camino que su «hermana» Israel, adorando a falsos dioses y dándoles culto a los ídolos paganos (3.9). Aparenta querer volverse al Señor, pero su arrepentimiento no es sincero (3.10). (Estos dichos ponen en evidencia la percepción espiritual de Jeremías sobre la reforma religiosa de Josías. Si bien este rey fue fiel a Dios, e hizo todo lo que estaba a su alcance para guiar a Judá en «el camino de David, su padre» [2 R 22.2], el pueblo sólo aceptó sus propuestas de una manera superficial, sin dar evidencias de una verdadera y profunda transformación en su relación con Yahvé). La situación de la «traidora» Judá (3.11) es peor que la de su «hermana», la «rebelde» Israel (3.11), porque aquella ha visto el juicio divino sobre esta, y ni siquiera ese ejemplo le sirve para buscar sinceramente al Señor. Ante tan graves acusaciones podría pensarse que ya no hay esperanza para estas «hermanas». Sin embargo Dios, en su misericordia, una vez más les habla con amor y llama a cada una de ellas al arrepentimiento: primero, a Israel (3.12–4.2), y luego, a Judá (4.3-4).

Las palabras para Israel contienen tres demandas: [1] «volverse» al camino de Dios, [2] «reconocer su maldad» y [3] «convertirse» (3.12-14). Si Israel las acepta, disfrutará de enormes bendiciones: tendrá un liderazgo inteligente y sabio, prosperará, recuperará la tierra prometida, se reunificará con Judá y, muy especialmente, contará en su medio con la presencia divina y llevará la ley de Dios inscrita en cada uno de sus corazones (3.14-18; véase 31.33). ¡Qué hermosas promesas! Pero para gozar de ellas el arrepentimiento de Israel debe ser sincero. Jeremías les sugiere, entonces, una preciosa fórmula para la confesión de sus pecados, que contiene tres declaraciones, cada una de las cuales responde a una de las demandas señaladas (3.22-25). En primer lugar, el reconocimiento de haber adorado a falsos y dioses y la afirmación de que solo en Yahvé hay salvación («volverse»). En segundo lugar, la confesión de sus prácticas idolátricas, que solo les ha traído confusión y ruina («reconocer su maldad»). Finalmente, la manifestación de la vergüenza y deshonra por sus pecados y por haber desoído la voz de Dios («convertirse»). Al final de este mensaje, Jeremías repite por tercera vez la triple demanda divina a Israel (4.1-2): «volverse» sinceramente a Dios, abandonar la idolatría («reconocer su maldad»), y comprometerse con «la verdad», «el derecho» y «la justicia», tres aspectos éticos fundamentales del pacto con Yahvé («convertirse»).

Ahora la profecía se dirige a la otra «hermana» (4.3-4). Su palabra es breve, pero contundente: ¡Judá también debe arrepentirse! Para anunciar este mensaje Jeremías emplea aquí dos imágenes. En la primera, usa una figura propia de la agricultura. El «corazón» de Judá es como un campo tan contaminado con espinas, que no hay mejor solución que buscar un nuevo terreno. En la segunda, emplea la metáfora de la circuncisión, señalando la necesidad de extraer la dureza de sus «corazones». Ambas metáforas apuntan a la única esperanza posible para Judá: un sincero arrepentimiento y una conversión radical.

La profecía de las dos «hermanas» pecadoras tiene una enseñanza muy profunda sobre el significado del verdadero arrepentimiento. Este no consiste en la repetición de fórmulas verbales ni en la práctica de rituales vacíos. El arrepentimiento sincero requiere que las personas satisfagan la triple demanda destacada en este texto: deben «volverse» a Dios, «reconocer su maldad» y «convertirse».

Castigo sobre Judá (4.5-31)

En los dos sermones anteriores, Jeremías ha declarado el juicio divino sobre Israel y sobre Judá, pero al mismo tiempo ha llamado al pueblo al arrepentimiento —la única alternativa para su perdón. ¡Pero nadie les ha hecho caso a estos mensajes! Por eso este es más duro que los anteriores. Jeremías presenta ahora siete aspectos del castigo divino que sobreviene sobre Judá.

Primeramente, dicho castigo tiene su origen en Dios (4.5-6). Se emplea la figura de un mensajero que hace sonar la trompeta para anunciar al pueblo que debe refugiarse en sus ciudades amuralladas, porque viene un ataque enemigo. Aunque aquí no se identifica claramente al invasor «del norte» (4.6), esta declaración está íntimamente ligada a la visión del caldero (1.13-16), y es posible inferir que también se refiere a las fuerzas babilónicas. No obstante, se deja claro que la nación del norte solo es un agente de Dios para llevar a cabo su propósito.

En segundo lugar, el castigo es inminente. Será tan masivo y repentino, que la alarma debe sonar en toda la región, y se debe «alzar bandera» (4.6) —hacer señales de fuego— para advertir a todos los habitantes del terrible peligro que les sobreviene. ¡El ejército enemigo ya llega! ¡Es como un «león» (4.7) hambriento listo para saltar sobre ellos y devorarlos!

En tercer lugar, el castigo traerá dolor al pueblo y confusión a sus líderes (4.8-10). Las noticias son tan dramáticas que Jeremías llama a su gente a vestirse de luto, a gemir y a llorar, «porque la ira de Jehová no se ha apartado de *nosotros*» (4.8). Notablemente, el profeta se identifica aquí con los suyos y, aunque su fe y sus ideales difieren radicalmente de los de Judá, siente el dolor de experimentar el castigo divino sobre su pueblo, y se lamenta con gran angustia: «¡Ay, ay, Jehová, Dios...!» (4.10). La invasión también producirá desconcierto y abatimiento entre los líderes civiles y religiosos del pueblo, que habían confiado en las profecías falsas que les auguraban paz.

En cuarto lugar, el castigo será devastador y generalizado (4.11-18). Fiel a su estilo, Jeremías incorpora una serie de imágenes para describir la magnitud de la devastación que sobrevendrá sobre Judá. La metáfora más contundente es la de «un viento seco» (4.11), haciendo alusión al siroco —un viento que sopla desde el desierto trayendo un aire tan caluroso que aniquila la vegetación y hace casi insoportable la vida humana. Este «viento» no servía para aventar ni para limpiar, porque era tan fuerte que volaba todo lo que estaba a su paso, sin permitir que se diferenciara entre la paja y el trigo. Así sería la invasión del ejército del norte: tan arrasadora como el siroco —que seca todo lo que está a su paso— y tan fuerte y tan violenta que no hará distinción entre fieles e injustos. Seguramente esta generalización es un anticipo de lo que efectivamente ocurrirá en tiempos de la deportación. Entre los deportados habrá un grupo de hombres y mujeres fieles que, pese a sufrir el castigo junto al pueblo infiel, se constituirá en el remanente por medio del cual Dios cumplirá sus promesas de restauración.

En quinto lugar, el castigo le causa un terrible pesar al profeta (4.19-21). El clima trágico de esta profecía vuelve a elevar su intensidad cuando irrumpe la voz de Jeremías, que da gritos de dolor y angustia ante el mensaje divino que tiene que proclamar. Nos encontramos aquí ante un elemento característico y sobresaliente de este libro. Jeremías es el único de los profetas veterotestamentarios que nos deja conocer muchos de sus sentimientos, pensamientos y reacciones ante ciertos mensajes que Dios le inspira a anunciar. En esta oportunidad, las palabras sobre el castigo de Judá le producen una angustia tan profunda que sus entrañas y su corazón se llenan de dolor y exclama desgarradoramente: «¿Hasta cuándo...?» (4.21).

En sexto lugar, el castigo es consecuencia del pecado de Judá (4.22-28). Jeremías retoma la proclamación del mensaje con una declaración resumida de las causas que han originado semejante castigo: el desconocimiento de Dios y la incapacidad para obrar conforme al pacto establecido por Yahvé. Una vez más se observa la influencia de Oseas sobre Jeremías, quien con esta afirmación nos recuerda al primero cuando decía: «Mi pueblo fue destruido porque le faltó conocimiento» (Os 4.6).

El castigo es consecuencia del pecado, y el pecado siempre tiene consecuencias. Los versículos 23 al 28 contienen el clímax de este sermón. «Miré a la tierra, y vi que estaba desordenada y vacía» (4.23). ¡La imagen que usa Jeremías aquí no es otra que la del caos original! (véase Gn 1.2). ¡La idolatría y la rebeldía tienen la fuerza de destruirlo todo! Hasta la creación —buena «en gran manera» (Gn 1.31)— parece revertirse por causa de la injusticia y de la maldad. Aunque cabe señalar que estas figuras tienen fundamentalmente un uso retórico, resulta interesante su semejanza con Romanos 8.21-23, donde el apóstol Pablo señala las consecuencias del pecado humano sobre la creación, y anuncia su liberación final en la consumación de los tiempos.

En séptimo y último lugar, el castigo no puede ser humanamente detenido (4.29-31).

Dos nuevas imágenes cierran el discurso. En la primera, Judá se compara con una prostituta. Esta metáfora ya fue empelada anteriormente, pero aquí se trata de una prostituta que ha perdido toda sensatez y sigue preocupada por sus adornos y por su apariencia para intentar, en vano, seducir a su adversario. Mas no hay nada que ella pueda hacer para preservar su bienestar y su vida. La segunda y última imagen es la de una mujer que está de parto. ¿Tiene ella, acaso, alguna fuerza? ¡Judá es tan vulnerable como una primeriza dando a luz! Está totalmente indefensa y, al igual que ella, solo le espera gritar de dolor, aunque no por causa de una nueva vida, sino de la muerte de sus habitantes.

La profecía sobre el castigo de Judá gira en torno a dos cuestiones que no pueden disociarse: el pecado y el sufrimiento. ¡El pecado siempre produce sufrimiento! Por un tiempo, se puede pensar que no hay consecuencias para quien camina lejos de Dios, pero este texto nos apercibe del drama que sobreviene cuando no hay arrepentimiento sincero.

¿Hay algún motivo de perdonarles? (5.1-31)

Jeremías ya ha anunciado el castigo divino sobre Judá. En términos humanos, esta nación no tiene recursos para detener su condena. Pero, ¿habrá alguna causa por la cual Dios pudiera perdonarles? Este es el tema principal que aborda el profeta en la siguiente profecía.

La introducción y el fundamento de este sermón se encuentran en una historia bien conocida por los israelitas y que se remite a Génesis 18.16-33 (5.1). Aquel texto narra la destrucción de Sodoma y Gomorra. El pecado de la población de aquellas ciudades, su inmoralidad y su depravación, habían llegado a niveles tan inusitados que Dios decide acabar con ellas. Sin embargo, antes de consumar su castigo comparte su decisión con Abraham. Así se origina un diálogo entre ambos en el que Abraham intercede por las ciudades, preguntándole a Yahvé: «¿Destruirás también al justo con el impío?» (Gn 18.23). ¿Y si hubiera allí cincuenta personas justas, serán ellas destruidas? ¿Y si hubiera cuarenta y cinco…? ¿Y qué si hubiera sólo treinta? ¿Y si en lugar de treinta, fueran veinte… o diez…?

En el fondo, la pregunta es la siguiente: ¿hay algún motivo para perdonar a Sodoma y a Gomorra? En todos los casos, el Señor responde a Abraham que su amor por el remanente fiel es causa suficiente para perdonar a toda la población. Tristemente, esta narración no tiene un final feliz. ¡Dios no halla allí ni siquiera a diez personas justas! Ambas ciudades son destruidas, y sólo Lot y parte de su familia son librados de la muerte.

Con este relato como fundamento, Jeremías se aboca a responder a la pregunta clave, ahora en la perspectiva de su propia generación. Tres veces formula y responde a la interrogante: ¿hay algún motivo para perdonarles?

En la primera oportunidad (5.1-3), Dios mismo parece constituirse en el Abraham de esta historia, y pide que el pueblo le ofrezca un solo motivo para detener la ejecución de su condena. «¿Habrá al menos alguien que practique la justicia?» (5.1). Esta pregunta no debe interpretarse en forma literal. Seguramente hay en Judá un remanente de personas fieles, como de hecho lo es el propio Jeremías. Esta es una pregunta retórica (una pregunta que incluye implícitamente su respuesta) e hiperbólica (una exageración usada para dar más énfasis y dramatismo a la cuestión), un recurso del lenguaje que busca poner de manifiesto la gran impiedad en que se encuentra la mayoría del pueblo, que sin arrepentimiento camina directamente hacia su destrucción. «¿Habrá al menos alguien que practique la justicia?» (5.1). ¡No! ¡No aceptan la corrección divina, ni quieren convertirse!

En esta segunda oportunidad (5.2-6), Jeremías busca responder a su interrogante dirigiéndose a los distintos sectores de su sociedad. Primero, observa a las mujeres y hombres «pobres» (5.4) de Judá. ¿Habrá alguien entre esta gente que le dé a Dios un motivo para perdonarles? ¡No! Como grupo social despreciado, no están instruidos en la Ley de Yahvé y carecen totalmente de rumbo. Su mirada ahora se enfoca a quienes integran la clase privilegiada. ¿Habrá aquí alguien que ofrezca al Señor tan solo una razón para su perdón? ¡Tampoco! Aunque estas personas tienen un mayor conocimiento de los mandamientos divinos, ellas también se rebelaron y escogieron desobedecer a Dios. ¡No hay perdón posible para esta nación! El pecado de todo Judá será castigado con la ferocidad con la que atacan las fieras salvajes.

Por tercera vez el profeta plantea su pregunta (5.7-19), sólo que ahora la formula de tal modo que lleva implícita su respuesta: «¿Cómo te he de perdonar por esto?» (5.7). Este pueblo ha abandonado al Señor, practica la idolatría y se deleita participando de los rituales de prostitución sagrada. ¡No hay ni siquiera una sola razón para el perdón! Solo existen motivos para el castigo divino, que vendrá sobre Judá por medio de un ejército extranjero. Sin embargo, la devastación no será total. Aunque no hay razón para perdonarles, Dios en su gracia no les destruirá «del todo» (5.10, 18). En medio de tanta tragedia hay una pequeña nota de esperanza que anticipa la supervivencia de un remanente. No obstante, en un claro anticipo de lo que será el exilio babilónico, Jeremías profetiza que a este remanente le espera un tiempo de sufrimiento, en el que servirán «a extraños en tierra ajena» (5.19).

La profecía concluye con una extensa descripción de los pecados de Judá y el retorno al tema central del sermón: «¿No castigaré esto?» (5.29) ¡Ciertamente Dios les castigará! No existe motivo alguno para perdonar a una nación obstinada en su pecado y en su rebeldía, cuyos líderes religiosos son corruptos y cuyo pueblo se somete a su autoridad como cómplice.

Pese a todas las palabras de juicio, el sermón de Jeremías capítulo 5 tiene una interesante aplicación en la tarea evangelizadora. ¿Qué ocurriría hoy si Dios se formulara la misma pregunta de este texto? ¿Encontrará al menos a una persona que «practique la justicia» y «que busque la verdad»? La gente de nuestro tiempo es tan pecadora como lo fuera el pueblo de Judá. Por obras propias nadie sería eximido de castigo, pero en Jesucristo Dios encuentra a «ese justo» que dio su vida para salvarnos, y a través de él le extiende su perdón a la humanidad. El arrepentimiento sincero y la fe en Jesucristo limpian, y libran de la muerte y de la condenación.

Conversaciones en medio de la tragedia (6.1-30)

Esta profecía reitera muchos de los conceptos que Jeremías ya ha estado predicando. Aquí también abundan las palabras de juicio sobre Judá, la enumeración de sus pecados, y la descripción del inminente ataque enemigo que consumará el castigo divino sobre esta nación. Sin embargo, hay una distinción de este sermón con respecto a los anteriores: la introducción de dos conversaciones entre Yahvé y el profeta en medio del anuncio de la tragedia (6.9-15; 27–30).

En los primeros ocho versículos resuena una vez más la voz de alarma y la necesidad de hacer señales de humo en Jerusalén y sus alrededores para advertir a la población del pronto embate de los invasores del norte. Quienes busquen salvar sus vidas deben estar prestos para la huida. La «bella y delicada hija de Sión» (6.2) será destruida porque no está preparada ni tiene las fuerzas necesarias para resistir el ataque. Y será destruida porque Dios así lo ha dispuesto, a causa de la maldad y la injusticia de sus habitantes.

La voz de Yahvé irrumpe y da lugar a la primera de sus conversaciones con Jeremías (6.9-15). El Señor le da una orden: «Vuelve a pasar tu mano como vendimiador entre los sarmientos» (6.9). Con esta metáfora Dios pide al profeta que antes de que sobrevenga sobre Judá la furia de los ejércitos caldeos, él se esfuerce en buscar y advertir al remanente fiel. Jeremías responde con frustración y desánimo: «¿A quién hablaré y amonestaré, para que escuchen?» (6.10). ¡Esta gente no quiere atender a sus palabras! ¡No tiene sensibilidad ni amor por la Palabra de Dios! «Estoy lleno de la ira de Jehová, estoy cansado de contenerme…» (6.11), dice el profeta. Yahvé entonces le responde que ha llegado el momento de dejar de reprimirse. Ahora debe anunciar a todo el pueblo, sin distinción de género ni de edad, que viene sobre ellos el castigo divino. Esta punición también recaerá sobre el liderazgo religioso, quienes como médicos negligentes han ignorado la gravedad de la situación de Judá, proclamándoles, falsamente, paz en lugar de llamarles al arrepentimiento. (Nótense las implicancias de un liderazgo espiritual corrupto. Cuando esto acontece, tarde o temprano sobreviene la tragedia. Como contracara, el liderazgo fiel, ejemplificado en este contexto por Jeremías, debe vivir y transmitir la palabra del Señor, sin dejarse influenciar por aquellas personas que quieren escuchar un mensaje diferente).

Como resultado de este diálogo entre Dios y Jeremías, el Señor habla ahora directamente con su pueblo y le anuncia el castigo (6.16-26). Su disgusto es grande porque Judá se niega a retomar «las sendas antiguas» (6.16), el «buen camino» (6.16) por el que transitaron los patriarcas, y desoye todas sus advertencias. Son desobedientes a sus mandamientos, y su adoración es solo una secuencia de rituales fingidos. No hay perdón posible para esta nación. Vienen sobre ella terribles días de sufrimiento, de devastación y de muerte, en manos de un enemigo despiadado y cruel.

La palabra de Dios se dirige una vez más a Jeremías, y comienza una segunda conversación entre ambos (6.27-30). En esta ocasión, Dios constituye al profeta en juez de su pueblo. «Conoce, pues, y examina el camino de ellos» (6.27). Tal comisión da la impresión de que, pese a todo, el Señor quiere darles una última oportunidad y encontrar un motivo para detener su castigo. Lamentablemente, la respuesta de Jeremías no deja margen de dudas. Su labor de juzgar a Judá es semejante a la de quienes refinan los metales. Estos someten la plata a altas temperaturas a fin de que el fuego depure sus impurezas, pero en su tarea Jeremías encuentra que en el pueblo de Dios no queda ningún resto valioso. Todo es escoria. «Plata desechada los llamarán, porque Jehová los desechó» (6.30), es la conclusión del profeta.

Las conversaciones entre Dios y Jeremías en medio de la tragedia de Judá nos permiten reflexionar sobre el carácter divino y sobre la misión humana. En el primer caso, queda de manifiesto que la naturaleza de Dios es compasiva. Reiteradas veces Dios insiste en ofrecer instancias y en encontrar razones para el perdón. El Señor es «tardo para la ira y grande en misericordia» (Ex 34.6; Nm 14.18; Jl 2.13). Por otra parte, estas conversaciones sirven para considerar las implicancias de ser líderes fieles. Jeremías es un ejemplo de honestidad para con Dios y para con su pueblo. El liderazgo espiritual auténtico debe continuar anunciando lealmente el mensaje divino, y asumir el costo de ser «fortaleza y... torre de vigilancia» (6.27) en medio de las naciones pecadoras.

La verdadera adoración (7.1-8.3)

Este pasaje también es conocido como «el sermón del templo» y, tanto en su contenido como en su estilo, se parece mucho al libro de Deuteronomio. Fue predicado por Jeremías precisamente en el atrio del templo de Jerusalén, alrededor de los años 609-608 a. C. (véase 26.1 y ss.). El propósito de este mensaje es el confrontar a sus compatriotas con sus falsas creencias y sus prácticas paganas, contrastándolas con el significado de la adoración que agrada a Dios. La elección de uno u otro camino será determinante a la hora de las consecuencias.

Este mensaje comienza sin introducciones ni preámbulos, y la palabra de Yahvé va directo al asunto: «mejorad vuestros caminos y vuestras obras, y os haré habitar en este lugar» (7.3). Esta aseveración se opone directamente con la ideología dominante (7.4; véase la introducción). Desde la fe de Jeremías, las bendiciones divinas son el resultado del cumplimiento del pacto (7.5-6). La ética y el culto no pueden disociarse. Al contrario, sólo es posible una adoración verdadera cuando se vive conforme a la voluntad de Dios. Y esta es la clase de devoción que da lugar al cumplimiento de las promesas divinas. Son la obediencia y la sincera piedad las que harán que Yahvé guarde del mal a su pueblo y proteja su tierra (7.7). Lamentablemente, Judá está muy lejos de andar por ese camino. Se apoya en sus falsas creencias para violar uno tras otro los sagrados mandamientos, y profana la casa de Dios al pretender ocultar sus delitos detrás de las prácticas rituales, pero se le olvida que ante los ojos de Dios no hay escondite posible (7.11).

Sin una adoración verdadera no hay garantías posibles. Una prueba de ello es la historia del santuario de Silo. Este había sido el primer lugar de culto que tuvieron los israelitas en Canaán (Jos 18.1), pero a causa de la corrupción del sacerdocio que ministraba en aquel lugar, Dios lo entregó en manos de los filisteos (1 S 4; Sal 78.56-64) y nunca más volvió a ser un lugar autorizado para el culto a Yahvé. ¿No era esta historia demostración suficiente de que el Señor se interesa en la obediencia y no en la geografía? Así como el santuario de Silo había sido destruido, así también lo sería el templo de Jerusalén (7.12-14). Así como el Reino del Norte había caído bajo las tropas enemigas, así también caerían Judá y Jerusalén (7.15).

Sin una adoración verdadera no hay oración que salve. Dios específicamente le pide a Jeremías que no interceda a favor del pueblo porque nada va a detener su juicio (7.16). Varones y mujeres de todas las edades han provocado al Señor venerando a la «reina del cielo» (7.17-20) en un culto de origen asirio-babilónico (véase 44.17-25). Sin una adoración verdadera los rituales tampoco los librarán del castigo divino. La devoción sincera requiere, fundamentalmente, «escuchar» la voz de Dios (7.21-28). Ser «oidores» y «hacedores» de su Palabra (Sgo 1.22). Pero Judá no quiere «escuchar» al Señor ni a su profeta. Por ello, Dios tampoco «escuchará» las oraciones en su favor.

Sin una adoración verdadera solo hay lugar para la tragedia. El culto a Yahvé ha sido adulterado con numerosas prácticas paganas y con ritos sincréticos. Judá ha deshonrado al Señor introduciendo en su templo objetos profanos (7.30). Allí se adora al sol, la luna y las estrellas (8.2). Y, peor aun, hay quienes, en las afueras de Jerusalén, en el valle de Hinom, realizan sacrificios humanos (7.31), abominables a Dios, y estrictamente prohibidos por la ley de Yahvé (Lv 18.21; 20.2-5). Por tanta idolatría, no hay esperanzas para este pueblo. En el mismo valle donde queman personas para agradar a sus dioses, ahí quedarán esparcidos sus cadáveres cuando les sobrevenga el castigo (7.32-33). Y bajo los mismos astros que ahora reverencian y adoran, allí se secarán sus huesos sin que nadie los entierre (8.1-3).

El «sermón del templo» sigue teniendo mucha vigencia. Dos de sus aspectos ofrecen guías interesantes para la reflexión. Uno de ellos es la cuestión de las «falsas seguridades» —esas creencias que, equivocadamente, hacen que la fe de las personas, de manera más o menos conciente, se deposite en objetos, personas, o dogmas. ¿Cuáles serán estas «falsas seguridades» que más frecuentemente se observan en nuestro contexto? El segundo de ellos es el tema de la adoración verdadera. Este se debate constantemente en nuestro medio, especialmente en lo que respecta a las cuestiones litúrgicas. Sin dejar de reconocer la legitimidad de discutir estos aspectos, el «sermón del templo» apunta a su esencia: el verdadero culto es la vida misma del adorador. No hay disociación posible entre liturgia y ética. Adorar «en espíritu y en verdad» (Jn 4.23), es «hacer justicia, amar misericordia y humillarte ante tu Dios» (Mi 6.8).

Capítulo 3

Mensajes en torno a la sabiduría (Jer 8.4–10.25)

Esta sección presenta una colección de unidades proféticas breves, la mayoría de ellas en verso y algunas otras en prosa, que suelen atribuirse a un período temprano en el ministerio de Jeremías y a su propia pluma. Su contenido sigue siendo de denuncia y juicio, anticipando las consecuencias que sufrirá Judá por su pecado.

Una característica propia de este conjunto es el uso de ideas y de términos relacionadas con la «sabiduría» (8.8-9; 9.12; 9.23; 10.7; 10.12). Este es un tema clave en la tradición sapiencial israelita, según la cual la verdadera sabiduría está en «el temor de Jehová» (Pr 2.5), una fórmula que expresa la reverencia a Dios y la obediencia a sus designios. Su contrapartida son la necedad, la insensatez, la impiedad y la injusticia, que identifican a quienes rechazan los caminos del Señor. A lo largo de esta colección de dichos proféticos, Jeremías se ocupa de dejar en claro que el único «sabio» es Yahvé, que el pueblo judío y su liderazgo desprecian la «sabiduría» divina, y que por lo tanto no les espera otra cosa más que la desgracia nacional.

¿Dónde está su sabiduría? (8.4-17)

El tema central de este mensaje se enfoca en la falta de sabiduría que tiene Judá al ofuscarse en su rebeldía y al negarse a volver al camino de Yahvé. Semejante necedad solo les acarreará la desgracia del castigo divino.

Jeremías y Lamentaciones

El argumento del profeta puede dividirse en tres partes. En la primera de ellas (8.4-7), denuncia a Judá por carecer de toda sabiduría «natural». Jeremías recurre a dos ejemplos sencillos. El primero de ellos tiene que ver con la vida cotidiana: «El que cae, ¿no se levanta? El que se desvía, ¿no vuelve al camino?» (8.4). La simple lógica «natural» hace que cualquier persona que se caiga procure enseguida ponerse en pie, y que si alguien se pierde, intente rápidamente retomar el camino acertado. Pero Judá es tan obstinado que «antinaturalmente» persiste en sus errores y no quiere aprender de ellos ni arrepentirse. El segundo ejemplo es el de los pájaros migratorios (8.7). Ellos actúan siguiendo su instinto «natural» (que según la creencia hebrea era una ley divina implantada en la creación), garantizándose su bienestar y su supervivencia, pero Judá carece de esa «sabiduría natural», y no quiere obedecer los mandatos de Dios. Semejante terquedad es una insensatez y una amenaza concreta a su existencia.

En la segunda parte (8.8-13) Jeremías confronta a los «sabios» de su tiempo. El texto se refiere principalmente a dos tipos de líderes judíos: «los sabios» y «los escribas». «Los sabios» eran personas afamadas por su «sabiduría» (recuérdese la historia del patriarca José, por ejemplo). A partir del reinado de Salomón se les dio mucha importancia, y se consolidaron en reconocimiento y prestigio. «Los escribas», por su parte, van a tener un papel más definido y protagónico en el posexilio, pero al parecer en tiempos de Jeremías este grupo ya tenía al menos la función de estudiar y enseñar la ley de Dios.

La denuncia del profeta contra ellos es contundente: «¿Cómo decís: "Nosotros somos sabios, y la ley de Jehová está con nosotros"? Ciertamente la ha cambiado en mentira la pluma mentirosa de los escribas» (8.8). Jeremías señala un contraste sumamente interesante en esta polémica: quienes deberían ser las personas más «sabias» no lo son, porque aunque tienen la ley de Dios «aborrecieron la palabra de Jehová» (8.9). Tienen acceso y contacto con las Escrituras, pero su «sabiduría» no se apoya en el consejo divino, sino en sus propias opiniones. Y por creerse gente muy «sabia», menosprecian las palabras que el Señor les habla por medio de sus profetas. «¿Dónde, pues, está su sabiduría?» (8.9).

El liderazgo judío merece juicio por sus muchos pecados. En primer lugar se les acusa de mentir («todos practican el engaño», 8.10). Anuncian falsamente la paz y el bienestar de la nación, sin ningún discernimiento espiritual de lo que significa verdaderamente la ley de

Mensajes en torno a la sabiduría

Dios ni de sus demandas. En segundo lugar, se les confronta con su falta de «vergüenza» (8.12). Han perdido toda referencia divina y se guían tan solo por sus propias opiniones, lo que les impide reconocer su pecado y humillarse ante el Señor. En último lugar, se les juzga por su esterilidad espiritual. Son como la «vid» y la «higuera» (8.13) que no dan frutos, y solo les espera ser cortadas. Líderes mentirosos, orgullosos, y sin frutos: «¿Dónde, pues, está su sabiduría?» (8.9).

En la tercera y última parte de este mensaje (8.14-17), se anuncia al pueblo de Judá las consecuencias de su falta de sabiduría: está «destinado a perecer» (8.14). Se describen sus sufrimientos venideros por medio de tres imágenes. La primera anticipa la magnitud de su castigo. La mortandad será tan grande como cuando un pueblo bebe «aguas envenenadas» (8.14). La segunda destaca la intensidad de su destrucción. Todo Judá será «devorado» (8. 16) con la furia con que corren los caballos salvajes. Y la tercera enfatiza la vulnerabilidad del pueblo. Ante los designios divinos estarán tan indefensos como si estuvieran frente «serpientes contra las cuales no hay encantamientos» (8.17). Sin temor de Yahvé no hay sabiduría, y sin sabiduría no hay «paz», ni «nada bueno», ni «día de curación» (8.15).

En este profundo sermón de Jeremías se encuentra implícito el desafío de procurar la verdadera sabiduría, que sólo se encuentra en el conocimiento íntimo de Dios y de su voluntad. En todos los tiempos la humanidad ha deseado construir sus propios saberes y vivir de acuerdo a sus reglas, pero sólo Cristo es «poder y sabiduría de Dios» (1 Co 1.24).

Enfermedad terminal (8.18–9.1)

En esta ocasión Jeremías continúa hablando del pecado de Judá y de sus consecuencias, incorporando ahora la figura de la «enfermedad terminal». El estado del pueblo es tan crítico como el de una persona enferma de muerte, lo que produce en el profeta profundos sentimientos de angustia. Y es precisamente la descripción de tales sentimientos la que «envuelve» la estructura concéntrica de este mensaje, que tiene en su núcleo las palabras pronunciadas por el Señor. El esquema de esta sección es el siguiente:

[1] Primer clamor del profeta
    [2] Primer clamor de Judá
        [3] Palabras de Dios
    [4] Segundo clamor de Judá
[5] Segundo clamor del profeta.

El primer clamor de Jeremías expresa su angustia ante la agonía de su pueblo (8.18-21). Su confesión es desgarradora: «A causa de mi intenso dolor, mi corazón desfallece» (8.18). Inmediatamente se dan a conocer las causas de semejante pesar: desde tierra lejana se escucha el «clamor de la hija de mi pueblo» (8.19). La «hija de mi pueblo» es una expresión poco usual (véase también 4.11), que combina dos imágenes comunes de las Escrituras: «pueblo» —cuyo Señor es Yahvé— e «hija» —cuyo padre es Dios. El uso conjunto de estas figuras suele interpretarse como una frase que expresa ternura y afecto.

Este versículo da paso a escuchar el primer clamor de Judá: «¿No está Jehová en Sión? ¿No está en ella su Rey?» (8.19). Estas dos preguntas tienen el mismo sentido, que no es otro que el desconcierto del pueblo ante el abandono de Dios. El trasfondo de este reclamo es el predominio de la ideología dominante (véase la Introducción). Desde esa perspectiva, la caída de Judá es inconcebible.

Pero Dios interrumpe sus reclamos y les confronta con su responsabilidad por medio de una pregunta retórica: «¿Por qué me hicieron airar con sus imágenes de talla, con vanidades ajenas?» (8.19). ¡La razón de su desgracia no está en la infidelidad del Señor a sus promesas! Muy por el contrario, la causa de tanto dolor está en el propio pueblo y en su obstinación por las prácticas idolátricas.

Ahora Judá levanta un segundo clamor: «¡Pasó la siega, se acabó el verano, pero nosotros no hemos sido salvos!» (8.20). Al parecer esta expresión alude a un proverbio de la época que señalaba una situación desesperante. Si la cosecha de trigo fracasaba, quedaba la expectativa de la temporada de las frutas. Sin embargo, si esta también fallaba, no quedaban más oportunidades. El sentido de este lamento es claro: el pueblo judío esperó, falsamente, ser librado de sus enemigos, pero no hay salvación para él.

La primera parte de esta profecía se cierra con el clamor del profeta, que retoma la imagen de la enfermedad terminal (8.21–9.1). Jeremías está quebrantado ante la agonía de su pueblo y se pregunta metafóricamente: «¿No hay bálsamo en Galaad? ¿No hay allí médico? ¿Por qué, pues, no hubo sanidad para la hija de mi pueblo?» (8.22). Desde tiempos antiguos Galaad era famosa por sus métodos curativos (Gn 37.25), pero para Judá ya no hay remedios ni doctores que puedan curarla de su enfermedad de muerte. Solo le resta llorar amargamente por «los muertos de la hija de mi pueblo» (9.1).

Jeremías es un comunicador experto en el uso de imágenes y de lenguaje simbólico. En esta ocasión, el profeta emplea un concepto próximo al de Isaías (Is 1.5) al referirse al pecado como enfermedad, añadiéndole el dramatismo de la muerte. Ciertamente, cuando no hay un reconocimiento de la situación de pecado, y no hay arrepentimiento y perdón por medio de Jesucristo, el pecado se transforma en enfermedad terminal. «Porque la paga del pecado es muerte, pero la dádiva de Dios es vida eterna en Cristo Jesús, Señor nuestro» (Ro 6.23).

Comunicación engañosa (9.2-11)

Esta profecía mantiene la declaración de juicio y el anuncio de castigo, aunque es interesante notar dos matices que la diferencian de las anteriores. El primero tiene que ver con los sentimientos del profeta, que ahora están dominados por el enojo. El segundo tiene que ver con el pecado de Judá. El énfasis, en esta oportunidad, no está puesto en su idolatría, sino en el engaño. Siguiendo estos lineamientos, es posible reconocer tres divisiones en el texto.

La primera de ellas es breve e intensa, y describe el estado emocional de Jeremías (9.2). El profeta habla en primera persona, expresando su deseo de abandonar a su pueblo. ¡Su disgusto es tan grande que ahora sólo desea alejarse de esta «congregación de traidores» (9.2)!

En la segunda parte se enuncian las faltas por las cuales se juzga a Judá (9.3-8). Estas tienen en común el tratarse de pecados cometidos con la palabra. ¡Toda su comunicación es engañosa! El acento en este tipo de pecados retoma los contactos que tienen los contenidos de toda esta sección con la tradición sapiencial. En esta, la persona «sabia» —en contraposición con la «necia»— es quien habla con prudencia, con justicia y con verdad, y por ello cuenta con el favor del Señor. «En la boca del necio está la vara de su soberbia; a los sabios, sus labios los protegen» (véase también Prov 10.32; 12.17-22; 13.3-5; 15.7; 18.21; 19.5; entre otros). La gente de Judá carece de toda sabiduría porque faltan a la verdad, hablan mentiras, calumnian y traicionan a sus semejantes.

En el fondo, esta comunicación engañosa tiene una causa específica que Dios denuncia: «Me han desconocido» (9.3). La acusación se repite en los próximos versículos: «Su morada está en medio del engaño; engañadores como son, no quisieron conocerme» (9.6). Los pecados que practican con sus bocas no son más que una manifestación de sus corazones, que rechazan al Señor y sus preceptos. Tanta maldad solo les acarreará pruebas y el castigo divino.

La tercera parte de esta profecía (9.10-11) contiene el anuncio de lo que sucederá con Judá. Su castigo tendrá tal magnitud que ni siquiera las bestias quedarán allí. Todo será desolación y devastación, destrucción y muerte, una tierra arrasada «donde no quede un solo morador» (9.11).

La comunicación engañosa es un pecado grave. Daña las relaciones interpersonales y lentamente va carcomiendo la confianza necesaria para sostener una comunidad saludable. Y, por sobre todas las cosas, es una clara manifestación de una personalidad alejada de Dios. Como Jesús mismo dijo: «No lo que entra por la boca contamina al hombre; pero lo que sale de la boca, esto contamina al hombre» (Mt 15.11).

El desconcierto de «los sabios» (9.12-26)

El juicio sobre Judá y su inminente castigo por medio de una nación extranjera y pagana son hechos inconcebibles para esta gente. Ni siquiera su liderazgo más «sabio» tiene la capacidad de entender una situación como esta. La causa de tal desconcierto está en sus falsas creencias (véase el comentario a 7.1–8.3). Desde su perspectiva, Jerusalén jamás podía caer en manos enemigas. Sin embargo, a lo largo de este mensaje, Dios les desbarata sus razonamientos erróneos y les explicita las causas y las consecuencias de su condena.

La primera parte de esta profecía (9.12-14) comienza, precisamente, por exponer la incomprensión de «los sabios» de Judá ante los acontecimientos de su castigo. La declaración es breve y reafirma lo que el profeta ya ha dicho en otras ocasiones. La destrucción de Jerusalén no se debe a otra cosa más que a su propio pueblo, que ha incumplido su pacto con Dios y se ha volcado a la idolatría. Hay una mención específica aquí

Mensajes en torno a la sabiduría

a la adoración a los «baales» (9.14). Sin duda con este término Jeremías se está refiriendo al panteón de dioses cananeos, encabezados por Baal, quien era considerado la deidad superior en materia de fertilidad, y quien estaba, a su vez, secundado por su consorte Asera. Sus prácticas cúlticas incluían buen número de ritos inmorales, y fueron una tentación constante para los israelitas desde su llegada a Canaán.

En su segunda parte el mensaje declara las consecuencias que sufrirá Judá por haber abandonado a Dios y sus preceptos (9.15-22). Aun cuando sea desconcertante para «los sabios», en muy poco tiempo experimentarán la amargura, la muerte, y el destierro. Irónicamente, la única acción «sabia» que les resta es llamar a las «plañideras» (9.17) —las lloronas que se contrataban para acompañar los cortejos fúnebres— porque es inminente la tragedia. Esas endechas «profesionales» se transformarán en verdadero llanto cuando se desencadene el castigo y les sobrevenga la muerte de sus seres queridos.

En la parte final de esta sección, el profeta retoma la cuestión de las falsas seguridades de «los sabios» (9.23-26). El castigo de Judá también es el resultado de poner su confianza en cosas que fallan. «No se alabe el sabio en su sabiduría, ni en su valentía se alabe el valiente, ni el rico se alabe en sus riquezas» (9.23). Ni la sabiduría humana, ni el coraje de sus tropas, ni los bienes materiales podrán protegerles de la calamidad. La única seguridad posible se encuentra en Dios, quien hace «misericordia, juicio y justicia en la tierra» (9.24), y la única forma de agradarle radica en entenderle y en conocerle, lo que implica imitarle en sus cualidades. Su pueblo debe llevar una vida ética conforme a las demandas divinas. ¡Esta es la verdadera «sabiduría»!

Pero esta gente tiene su puesta su fe en falsas seguridades. Creen, también, que nada puede ocurrirles por ser el pueblo escogido por Dios, pero «los sabios» quedarán desconcertados porque «vienen días, dice Jehová, en que castigaré a todo circuncidado y a todo incircunciso» (9.25). El ritual de la circuncisión tenía sentido como señal de la relación de pacto entre Dios y su pueblo, pero en sí mismo no otorga poderes ni privilegios algunos. La situación espiritual de Judá es tan pecaminosa como la de las demás naciones de la tierra. Por eso les sobrevendrá el castigo, porque «toda la casa de Israel es incircuncisa de corazón» (9.26).

El Dios verdadero (10.1-16)

Con un estilo muy semejante al de los sermones predicados por Isaías (Is 40.18-20; 41.7; 44.9-20; 46.5-7), Jeremías establece en esta sección una comparación entre las deidades paganas y el Dios verdadero. El mensaje está estructurado en tres partes principales, cada una de las cuales puede a su vez dividirse en dos ideas contrapuestas en las que se responde a cada declaración sobre los ídolos con una afirmación sobre el Señor.

En primer lugar se aborda la cuestión de la majestad (10.2-7). ¿Cuál es la grandeza de los dioses paganos? ¡Son imágenes fabricadas por manos humanas! ¿Por qué, entonces, temerles? ¡«No hablan... no pueden andar... ni pueden hacer mal ni tienen poder para hacer bien» (10.5)! No hay ninguna magnificencia en ídolos fabricados. Sólo Yahvé es grande y poderoso. Sólo el Señor es «Rey de las naciones» (10.7). Esta expresión hace clara alusión a la majestad divina. Él es el único soberano, que está por sobre todas las cosas, y que no puede ser comparado con estatuas de madera. Judá no debe temer a las fuerzas de la naturaleza ni a las falsas deidades, sino que debe honrar a Dios, «porque entre todos los sabios de las naciones y en todos sus reinos, no hay nadie semejante» a él (10.7).

En segundo lugar se argumenta en torno a la autenticidad (10.8-10). Las naciones que adoran ídolos son presumidas y tontas. ¡Sus dioses son obras humanas! Aunque sean fabricados con mucho esmero y detalles refinados, no dejan de ser objetos inertes. Los dioses paganos son falsos, mientras Yahvé es el único «Dios verdadero» (10.10). Su autenticidad radica en poseer atributos con los que no cuentan los ídolos: sólo él «es el Dios vivo y el Rey eterno» (10.10). Su existencia no depende de la humanidad ni está limitada por tiempo ni espacio.

En tercer lugar se plantea la cuestión del poder creador y sustentador de la naturaleza (10.11-13). Las falsas deidades no tienen ninguna capacidad para crear; por el contrario, solo son objetos fabricados por las personas. Yahvé, en cambio, es el Dios verdadero porque es el único que tiene el poder y la sabiduría necesarios para crear el universo. Las fuerzas de la naturaleza temidas por los pueblos paganos están bajo el control y la soberanía divina.

La conclusión de este sermón es contundente (10.14-16). Solo los pueblos ignorantes son capaces de confiar en dioses paganos, que «no valen nada» (10.15, NVI), que «son obras ridículas» (10.15, NVI) y que «en el tiempo de su castigo perecerán» (10.15). Y a diferencia de esas naciones, Israel tiene como herencia el testimonio del Dios verdadero: «Hacedor de todo... ¡Jehová de los ejércitos es su nombre!» (10.16).

¡Hora de partir! (10.17-25)

La sección de mensajes en torno a la sabiduría concluye con unas últimas palabras sobre el castigo de Judá, con una nueva declaración de los sentimientos del profeta, y con una oración de súplica de Jeremías a favor de su pueblo. Esta porción parece corresponder al período del sitio de Jerusalén por los ejércitos babilónicos, cuando ya están muy próximas las deportaciones.

De ahí que la primera parte de este texto se refiera a la inminencia del exilio (10.17-18). ¡Ha llegado la hora de partir! Jeremías les anuncia dramáticamente: «Recoge del suelo tu equipaje» (10.17). Su palabra es bien precisa. Deben apurarse en empacar sus efectos personales —solo las pocas cosas que pueden llevarse en un bolso de mano—, porque ha llegado el tiempo de su castigo y muy pronto serán arrojados fuera de su tierra.

Estos eventos conmueven profundamente a Jeremías, quien siente en carne propia el dolor por la desgracia de su pueblo. Esta segunda parte (10.19-22) se inicia con los gemidos del profeta: «¡Ay de mí, por mi quebrantamiento! Mi llaga es muy dolorosa» (10.19). Pero rápidamente Jeremías se responde a sí mismo que debe soportar su angustia, porque está aconteciendo lo que ya Dios había dicho. La destrucción de Jerusalén y el exilio del pueblo tienen sus responsables principales en un liderazgo («pastores», 10.21) que no quiso buscar a Dios. Por su falta de sabiduría «no prosperaron y se dispersó todo su rebaño» (10.21).

La tercera parte de este texto contiene una súplica de Jeremías por su pueblo (10.23-25). No se trata de una oración pidiendo a Dios anular su condena. ¡Ya es demasiado tarde para eso! Su ruego tiene como fin disminuir la punición. Para ello presenta una disculpa y dos peticiones. Para la primera, se basa en el reconocimiento de la debilidad humana para controlar completamente sus destinos. Sin negar sus responsabilidades, intenta atenuar sus consecuencias. Las peticiones, por su parte, se refieren directamente a la cuestión del castigo. En la primera, Jeremías habla por boca del pueblo, y pide que el castigo divino sea correctivo y no destructivo. Si el juicio de Dios es para disciplina, todavía quedan esperanzas. De lo contrario, serán completamente exterminados. En el segundo ruego pide el castigo de los pueblos paganos que tanto están haciendo sufrir a Judá. De alguna manera este clamor es semejante al cuestionamiento de Habacuc cuando no comprende cómo Dios es capaz de ejercer su juicio contra su pueblo usando como su agente a una nación más pecadora que el pueblo mismo de Dios (Hab 1.13-14). La respuesta de Dios a Habacuc, que también contesta la petición de Jeremías, está en el anuncio a Babilonia de su propio castigo: «Por cuanto has despojado a muchas naciones, todos los otros pueblos te despojarán a ti» (Hab 2.8).

Capítulo 4

Mensajes de juicio contra Judá y contra Jerusalén (Jer 11.1–20.18)

Todos estos mensajes continúan tratando cuestiones relacionadas con el juicio de Dios sobre Judá, tanto en sus causas como en sus implicancias. Fiel a su estilo, Jeremías emplea aquí muchas imágenes y metáforas, incorporando en esta oportunidad el uso de lenguaje parabólico. Un aspecto característico de este bloque es la reiterada aparición de lo que se conoce como las «confesiones» de Jeremías (11.18–12.6; 15.10-21; 17.14-18; 18.18-23; 20.7-18). Estas son exposiciones de los sentimientos que experimenta el profeta ante los anuncios divinos y ante los acontecimientos que se van desencadenando en su pueblo. Ningún otro profeta del Antiguo Testamento ha dejado un testimonio tan rico de sus vivencias como lo ha hecho Jeremías. Su completa honestidad y sus luchas internas nos permiten apreciar su fidelidad para servir a Dios en los días tan trágicos de su tiempo.

Oír y obedecer (11.1-17)

El sermón que Jeremías presenta aquí sirve como una introducción a toda esta sección de mensajes de juicio contra Judá y Jerusalén. Su tema central gira en torno a la alianza entre Yahvé e Israel, y su propósito es explicitar que la tragedia que le sobreviene a esta nación no se debe a la deslealtad divina, sino al quebrantamiento del pacto por parte de su pueblo.

La primera parte de esta profecía (11.1-5) se refiere al establecimiento del pacto. Dios comisiona a Jeremías a recordarle al pueblo las condiciones de la alianza del Sinaí, en la cual quedaban estipuladas tanto las demandas divinas —con sus consecuentes bendiciones— como las maldiciones por la desobediencia (Dt. 28). Volver la atención de Judá a las cláusulas del pacto deuteronomista implica confrontarlo con su creencia errónea en la inviolabilidad de Sión (véase la Introducción). La conservación de la tierra prometida está directamente ligada a la obediencia al pacto, así como lo está el lugar de Israel como nación escogida. Los requisitos de la alianza se sintetizan en dos cláusulas: «Oíd mi voz» (11.4), y «cumplid mis palabras conforme a todo lo que os mando» (11.4). «Oír» tiene un significado que va más allá del simple escuchar, y representa la demanda de prestar atención a las palabras divinas con la intención de acatarlas. La segunda cláusula implica concretamente la acción de obedecerlas. Solo si Israel cumple su parte en el pacto, dice el Señor, «vosotros seréis mi pueblo y yo seré vuestro Dios» (11.4).

La segunda parte (11.6-10) describe la desobediencia de Israel a las condiciones establecidas en el pacto. Jeremías señala primeramente la rebeldía de sus antepasados (11.6-8), para luego concentrarse en la desobediencia presente (11.9-10). En ambos casos el pueblo resulta culpable de incumplir con las demandas del pacto. Quienes integraron la generación que salió de la cautividad en Egipto «no escucharon» y no obedecieron («se fueron cada uno tras la imaginación de su malvado corazón», 11.8). Y de igual modo, los contemporáneos del profeta «no quisieron escuchar» el mensaje divino e incumplieron los mandatos del Señor («se fueron tras dioses ajenos para servirlos», 11.10). Judá violó las dos cláusulas fundamentales del pacto, desoyendo a Dios y practicando la idolatría. Es una acción que no solo manifiesta su desobediencia, sino que además implica una abierta provocación a la soberanía divina.

En la última parte de este sermón se declaran las consecuencias del quebrantamiento del pacto (11.11-17). Judá no puede esperar más que la retribución de sus actos. Sus incumplimientos, que podrían resumirse en «no oír» y «no obedecer», serán reciprocados. Así como Israel «no escuchó», ahora es Yahvé el que declara: «no los escucharé» (11.11). Esta aseveración se reafirma cuando específicamente Dios le ordena a Jeremías que no ore intercediendo por su pueblo, «porque yo no los escucharé el día en que por su aflicción clamen a mí» (11.14). De igual manera, sus constantes actos de rebeldía serán retribuidos conforme a lo establecido en la alianza, según la cual la desobediencia acarrea maldición. El castigo es inminente, y llega «porque Jehová de los ejércitos... ha decretado el mal contra ti, a causa de la maldad que la casa de Israel y la casa de Judá han cometido» (11.17).

«Oír» y «obedecer» son la síntesis del pacto del Sinaí. Así lo establece Yahvé, y así lo declara Jeremías. Notablemente, en ocasión de pronunciar el Sermón del Monte —que suele entenderse como la síntesis de las demandas éticas del nuevo pacto— Jesús concluye su discurso reclamando de sus seguidores las mismas pautas (Mt 7.24-27). El discipulado cristiano implica estar atentos a la voz de Dios y prestos para vivir según sus propósitos, para ser «hacedores de la palabra y no solamente oidores» (Sgo 1.22).

Como cordero inocente (11.18–12.6)

Jeremías pasa ahora a relatar un episodio de su vida personal. Aunque no se dice cómo, Dios advierte al profeta que la gente de su aldea —Anatot— ha tramado un complot para asesinarlo. No se sabe en qué momento histórico suceden estos hechos, ni tampoco se conocen los motivos por los cuales querían matarle, aunque se pueden hacer algunas conjeturas. Si estos eventos ocurren en la juventud de Jeremías, cabe la alternativa de pensar que el enojo del pueblo anatotita se debe a la conformidad del profeta con la reforma de Josías. Recuérdese que la misma clausuró todos los centros de culto fuera de Jerusalén, y que tal medida fue muy perjudicial para el sacerdocio que servía fuera del sistema del templo (véase el comentario al capítulo 1). Si este el caso, a los ojos de su aldea el profeta sería culpable de traición. Otra opción es pensar que este complot se trama en una etapa posterior, y que el disgusto de la gente de Anatot se debe al rechazo que produce la predicación de Jeremías. Quizás a ellos tampoco les agraden sus mensajes «pesimistas», o tal vez temen represalias contra su aldea, por ser Jeremías de allí. Si esta conjetura es válida, se trataría de algo así como de eliminar a la «oveja negra» de la familia. Sean cual fueren las causas, lo cierto es que quieren silenciar la voz del profeta mediante su muerte. El texto tampoco ofrece detalles de cómo pensaban hacerlo. Sin embargo, por la reacción de Jeremías, sintiéndose «como un cordero inocente que llevan a degollar» (11.19) parecería que traman asesinarle en alguna de sus visitas a Anatot.

Ante semejante situación el profeta eleva una oración al Señor para que haga justicia en su favor. Su petición se resume en una frase: «déjame ver tu venganza sobre ellos» (11.20). No es frecuente encontrar este tipo de pedidos en Jeremías, pero sin duda está abrumado por las circunstancias. La respuesta divina da lugar a su reclamo y el Señor declara su veredicto: «Yo los castigaré: los jóvenes morirán a espada, sus hijos y sus hijas morirán de hambre. No quedará ni un resto de ellos, pues yo traeré el mal sobre los hombres de Anatot, en el año de su castigo» (11.22-23). El tono de esta dramática sentencia es hiperbólico, por lo que no debe interpretarse literalmente. No obstante, la historia de Israel da cuentas de que Anatot fue arrasada durante la invasión babilónica. Y notablemente, según Esdras 2 —donde se ofrece la lista de los exiliados que consiguen retornar a Canaán en tiempos de Zorobabel—, tan sólo se registra el regreso de ciento veintiocho varones anatotitas (Esd 2.23).

Jeremías 12.1-6 contiene una de sus «confesiones» que, como se anticipara, son declaraciones del profeta ante Dios expresándole sus sentimientos y sus luchas interiores. En esta oportunidad sus palabras expresan su queja: «¿Por qué es prosperado el camino de los malvados y les va bien a todos los que se portan deslealmente?» (12.1). Por cierto Jeremías no es la primera persona ni la única en manifestar esta preocupación (véase Hab 1.2-4). Reclamos similares aparecen también en el salterio y en la tradición sapiencial (Job 21.1-34; 24-1-25; Sal 37.1-40; 73.1-28; 94.1-11). En este caso existe un motivo concreto para este cuestionamiento. Jeremías está siendo obediente a los mandatos divinos, y así y todo es víctima de los ataques de gente impía que al parecer no padece sufrimiento alguno por sus maldades. Su pedido al Señor reclama justicia retributiva: que estas personas que querían matarle «como un cordero inocente que llevan a degollar» (11.19), mueran como «ovejas para el degolladero» (12.3).

La queja del profeta recibe de Dios una respuesta inesperada (12.5-6). A diferencia del castigo anunciado en 11.22-23, ahora el Señor le contesta con dos advertencias, cada una de las cuales implica una demanda para Jeremías. En la primera, le anuncia que la situación empeorará, y por lo tanto debe preparase para no ser tomado por sorpresa. En la segunda le avisa que hasta su propia familia está en su contra, por lo que no puede correr el riesgo de fiarse de nadie.

Esta «confesión» concluye sin narrar la reacción de Jeremías ante semejante respuesta, pero podemos imaginarnos su desconcierto. Su reclamo no recibe alivio inmediato, sino que, por el contrario, se le añaden más responsabilidades sobre sus espaldas. La soledad y la incertidumbre son dos cargas pesadas que el profeta —como muchas personas que sirven lealmente al Señor— debe llevar aún por algo más de tiempo. Su único apoyo para seguir adelante es la confianza en el Dios que le prometió: «Pelearán contra ti, pero no te vencerán, porque yo estoy contigo... para librarte» (1.19).

La «heredad» de Dios (12.7-17)

La «confesión» de Jeremías se continúa con otro texto cargado de emociones, aunque ahora es Dios mismo quien habla sobre su pueblo. Primero lo hace por medio de una poesía —con un tono más emotivo— (12.7-13); y luego, a través de una porción en prosa que contiene palabras de juicio (12.14-17).

Todo este pasaje está atravesado por el concepto de «heredad» (herencia) (12.7, 8, 9, 10, 14). El mismo se remonta al Deuteronomio, e involucra primordialmente al pueblo de Israel y, subsidiariamente, a la tierra prometida (Dt 9.28-29; 32.9-10). Aquí «heredad» también se define en boca de Yahvé como «mi casa» (12.7) y «lo que amaba mi alma» (12.7), haciendo alusión precisamente tanto a la tierra como a la gente de Israel y de Judá.

El énfasis del poema sobre la «heredad» se encuentra en las tres acciones que Yahvé ha tomado: les ha «abandonado», les ha «desamparado», y les ha «entregado» (12.7). Estas tienen la función de manifestar la tristeza divina, pero fundamentalmente son declaraciones que apuntan a rebatir la ideología dominante (véase la Introducción). El hecho de que el pueblo y la tierra son «heredad» de Dios no les garantiza su protección incondicional. Por el contrario, la rebeldía de Judá ha invalidado el pacto, y ahora es Yahvé mismo quien actúa contra su «heredad». Pueblo y tierra sufrirán el castigo por el pecado: las cosechas serán estériles (12.13) y «no habrá paz para nadie» (12.12).

La sección en prosa (12.14-17) continúa el tono de juicio, incorporando palabras sobre la situación de las naciones vecinas. Tal vez esta inclusión aquí sea una respuesta a la queja de Jeremías en 12.1. En cuanto a Judá, el texto anticipa que, pese al castigo, Dios no lo destruirá todo. Quedará un remanente que será arrancado de las manos de sus enemigos. Una parte de su pueblo volverá a la tierra y la «heredad» divina será reestablecida. En cuanto a los pueblos vecinos, que «tocan la heredad» de Israel, serán a su vez castigados por su maldad, aunque, si se arrepienten y se convierten al Señor, «también ellos serán prosperados» (12.16).

Tres finales y un comienzo (13.1-27)

Los mensajes de juicio contra Judá y contra Jerusalén continúan. En esta oportunidad, Jeremías les habla por medio de parábolas y poemas, con el propósito de anunciarles tres finales y un comienzo.

En primer lugar nos encontramos ante una parábola actuada por Jeremías (13.1-11). El profeta recibe la orden divina de comprar un cinto de lino y de usarlo sin que lo toque el agua. El material de esta prenda es clave ya que era el único tipo de tela que podían vestir los sacerdotes, y aquí puede representar tanto la pureza del primitivo Israel como el hecho de ser una nación sacerdotal. Luego, Dios le envía a esconder ese cinto en los alrededores del Éufrates, y a dejarlo allí por un tiempo, para luego regresar a recuperarlo. Existen dudas sobre si el profeta efectivamente viajó hasta esa región —a más de seiscientos kilómetros de Anatot— o si realizó su acción simbólica en un lugar más próximo, pero la referencia al Éufrates apunta a Mesopotamia (Asiria), de donde venían muchas practicas religiosas que contaminaron la fe judaica. Cuando Jeremías vuelve a tener el cinto en sus manos, comprueba que está podrido e inservible. Inmediatamente Dios le da la interpretación de la parábola: «Así haré podrir la soberbia de Judá y la mucha soberbia de Jerusalén» (13.9). Este mensaje declara el primer final anunciado en este texto: el fin de su orgullo. Fueron pueblo de Dios, pero con su rechazo se tornaron inútiles, y ahora serán desechados y humillados.

En segundo lugar, Jeremías relata la parábola de las tinajas (13.12-14). Sus palabras comienzan con un dicho de la época: «Toda tinaja se llenará de vino» (13.12). Al parecer podría tratarse ser una broma común en las fiestas entre aquellas personas dadas a beber, que querían seguir tomando más hasta ser como vasijas llenas. Aquí se toma esta imagen al identificar a la gente con tinajas —solo que ahora no estarán llenas de vino, sino de la ira de Dios. Todo el pueblo de Judá quedará atontado como los ebrios y terminarán destruyéndose los unos a las otras. Con esta parábola el profeta les anuncia el final de su cordura y de su razón.

En tercer lugar, Dios da un mensaje para el rey y para la reina, diciéndoles: «Humillaos... porque la corona de vuestra gloria ha caído de vuestras cabezas» (13.18). No hay duda de que los destinatarios de estas palabras son Joaquín y su madre Nehusta (2 R 24.8). Joaquín llegó al trono con tan solo 18 años de edad, y durante su breve gobierno de tres meses la reina madre tuvo un papel protagónico. Jeremías declara ahora el tercer final anunciado en este texto: el final del reinado de la casa de David. Con este mensaje, el profeta da una profunda estocada contra la ideología dominante (véase la Introducción).

Tras proclamar tres inminentes finales, ahora el profeta les anuncia la proximidad de un comienzo: el inicio de su deportación (13.19-27). Hay tres elementos claves en este poema. En primer lugar, se les reitera la identidad de quienes van a dominarles. Las referencias a una nación «del norte» (13.20), con la que se han buscado alianzas («a quienes tú enseñaste a ser tus amigos», 13.21), claramente apuntan a Babilonia. En segundo lugar, se les dan las razones por las cuales irán al cautiverio. Su maldad es enorme y, lo que es peor, el pecado se les ha hecho carne de tal modo que no hay ningún signo de arrepentimiento ni de cambio. Por último, se les declaran los hechos que caracterizarán el exilio. La gente de Judá será esparcida, perderá su tierra (Dios cambiará su heredad, su «porción» [13.25] de la tierra prometida a la tierra del cautiverio), y en esclavitud sufrirá vergüenza y humillación.

Hambre y espada (14.1–15.4)

A simple vista este parece un texto desconectado de los anteriores, al introducir una profecía pronunciada en ocasión de una gran sequía en la región. Sin embargo su ubicación aquí tiene sentido, en tanto trata sobre la negativa divina a actuar a favor de Judá ante sus padecimientos, tema clave en toda esta sección.

El pasaje presenta cuatro partes bien definidas. La primera (14.1-9) es un poema escrito en ocasión de una gran sequía que aqueja a la nación. Sin lluvias, ni la gente ni los animales tienen agua y alimento para su sostén. Entonces, el pueblo recurre al Señor. Su ruego incluye un reconocimiento de su pecado (recuérdese que en el pacto deuteronómico la relación entre la desobediencia y las sequías estaba clara, Dt 28.22) y un pedido de ayuda, alegando que está en juego el mismo honor de Yahvé. Sin embargo, como se verá enseguida, la confesión no resulta muy sincera, y rápidamente aparecen los reclamos contra el Señor, poniendo sobre él la culpa del incumplimiento del pacto, en lugar de asumir las faltas propias.

La segunda parte de este texto está escrita en prosa y contiene la negativa divina a la petición de socorro del pueblo de Judá (14.10-16). Tal respuesta puede parecer sorprendente; sin embargo, tiene sentido si se le interpreta a la luz del ya mencionado falso arrepentimiento de Judá. Es por esta causa que Dios no va a atender a ninguno de sus rituales religiosos, y específicamente le prohíbe al profeta interceder por el pueblo, porque no escuchará sus oraciones (véase 7.16; 11.14). No solo continuará la hambruna, sino que además les sobrevendrá «espada» (guerra) y «pestilencia» (14.12).

Jeremías entonces levanta su queja sobre otros profetas que anuncian exactamente lo contrario, tal vez por querer decir a la gente lo que esta quiere oír, o quizás por una interpretación incorrecta de la teología del pacto. Sin embargo, lo cierto es que proclaman que no habrá «ni espada ni hambre» (14.15) en Judá. El Señor responde a Jeremías declarando la falsedad de tales profetas, y reserva para su castigo los mismos males que niegan y que también recaerán sobre el pueblo: «¡Con espada y con hambre serán consumidos…!» (14.15).

La tercera parte de este texto incluye una segunda sección poética que describe otro tiempo de calamidades sobre Judá y Jerusalén (14.17-22). No están claras las circunstancias de esta profecía, pero se da a entender que este pueblo ha sufrido alguna derrota militar seguida por una gran hambruna. Notablemente, su forma y contenido son muy semejantes a los del primer poema. En su inicio presenta una descripción de los padecimientos nacionales. «Ha sufrido una terrible desgracia» (14.17), que se sintetiza en los mismos dos términos claves de todo este texto: «espada» y «hambre» (14.18). Luego hay un reclamo a Dios por la tragedia, seguido de un reconocimiento de sus propias maldades y de la súplica por la ayuda divina. Nuevamente se elevan argumentos para tal ruego, invocando la majestad divina y reclamando al Señor que cumpla su parte en el pacto (lo que vuelve a sugerir la idea de transferir las culpas a Dios en lugar de un arrepentimiento sincero por sus faltas).

La cuarta y última parte de este texto contiene la respuesta divina a esta segunda petición de socorro (15.1-4). Y una vez más declara una contundente negativa: «Aunque Moisés y Samuel se pusieran delante de mí, no estaría mi voluntad con este pueblo. Échalos de mi presencia, y que salgan» (15.1). En otros tiempos, tanto Moisés como Samuel intercedieron por Israel y fueron escuchados (Ex 32.11-32; Nm 14.13-19; Dt.9.13-29; 1 S 7.8-9; 12.19-25). Sin embargo ahora Jeremías tenía prohibido orar por su gente. El Señor no solo no va a librarles, sino que le anuncia a Jeremías el destino de su gente. Se recurre otra vez a los términos claves de este texto —«hambre» y «espada»—, a los que se agregan «muerte» —que aquí no es más que un sinónimo de «espada»— y «cautiverio» (15.2). Este último concepto es nuevo en la sección y anticipa un trágico evento que sobrevendrá sobre el pueblo judío en un futuro cercano.

«Tú me dejaste» (15.5-9)

Nos encontramos aquí con un poema escrito en el estilo de las lamentaciones. Parece tratarse de una composición más tardía que las anteriores —tal vez correspondiente al tiempo de la primera deportación babilónica, pero su ubicación aquí seguramente se deba a que su tema central trata sobre la negativa divina a actuar a favor de Judá —hilo conductor de toda la sección. En esta ocasión Dios habla en primera persona, y sus palabras tienen como fin señalar las razones por las que el pueblo está sufriendo tanto sin ser compadecido por nadie y sin recibir la ayuda del Señor. «Tú me dejaste, dice Jehová, te volviste atrás; por tanto, yo extenderé sobre ti mi mano y te destruiré. ¡Estoy cansado de tener compasión!» (15.6). La clave para entender estos acontecimientos está en reconocer que no ha sido Dios quien tomó la iniciativa de abandonar a su gente, sino que, por el contrario, fue el pueblo el que quebrantó el pacto en primer lugar y reiteradamente a lo largo de su historia, haciéndose merecedor de sus maldiciones.

Jeremías vuelve repetidamente sobre este concepto, que será fundamental para la reconstrucción de la fe en la comunidad posexílica, cuando el remanente deje de culpar a Dios por sus desgracias para asumir sus propias responsabilidades y volverse al Señor.

«¡Ay de mí!» (15.10-21)

Nos encontramos ahora ante la segunda «confesión» de Jeremías —una porción en la que el profeta expresa abiertamente sus sentimientos. ¡En esta oportunidad su angustia es tan profunda que llega a lamentar el haber sido engendrado! Considerando que había sido elegido por Dios desde el vientre de su madre para el oficio profético (1.5), renegar de su nacimiento no es más que otra manera de rechazar su ministerio. ¿Qué le había producido semejante crisis? Sin duda, el dolor de sentir el rechazo de su gente (15.10). Aunque Jeremías había intercedido por Judá y hasta por sus enemigos, y nunca se había involucrado en negocios que perjudicaran a alguien, sus mensajes enfrentaban tanta resistencia que todo su pueblo le maldecía. ¡No es difícil comprender su frustración!

La respuesta que Dios le da en 15.12-14 puede parecer algo desconectada, pero tiene aquí una función clara: avalar su misión profética. Aunque combatido, Jeremías debe seguir adelante con su tarea porque ciertamente el Señor va a cumplir las palabras de juicio contra Judá que ha anunciado a través de su intermedio.

Sin embargo, estos dichos no parecen calmar la angustia del profeta, quien continúa expresando sus luchas internas (15.15-18). En sus declaraciones se pueden descubrir sus emociones: enojo contra su pueblo («véngame de mis enemigos», 15.15), y autocompasión, porque habiendo aceptado la palabra de Dios con alegría, no ha experimentado más que rechazo y sufrimiento.

La réplica del Señor no tarda en oírse: «Si te conviertes…» (15.19). ¡Qué respuesta desconcertante! ¿Acaso no es Jeremías uno de sus siervos más fieles? Entonces, ¿en qué sentido debe «convertirse»? En el contexto de este diálogo, la demanda divina está exponiendo que en el fondo de sus reclamos el profeta está creyéndose más «justo» que Dios, y por lo tanto necesita arrepentirse. Sólo entonces podrá desarrollar con más fidelidad su ministerio, mientras experimenta el cumplimiento de las promesas que Dios le había hecho desde su llamamiento (15.20-21; 1.17-19).

Seguramente Jeremías no ha sido la única persona en sentirse frustrada ante un ministerio que no da los frutos esperados, ni tampoco el único creyente en pensar que Dios no está siendo justo con él. Por ello esta porción sigue siendo una preciosa inspiración para todos aquellos hombres y mujeres de Dios que pasan por experiencias semejantes: «Si te conviertes, yo te restauraré... yo estoy contigo... te libraré de la mano de los malos y te redimiré de la mano de los fuertes» (15.19-21).

Sin familia y sin vida social (16.1-21)

Una de las razones por las cuales la vida de Jeremías se presenta como una llena de sufrimiento radica en su profunda relación con la historia de su pueblo. El profeta no ha sido llamado tan solo para hablar de parte de Dios, sino también a encarnar el mensaje divino en el desarrollo de su propia existencia. El capítulo 16 es claro en exponer tal vinculación a través de tres órdenes directas que recibe Jeremías —una de ellas, atinente a su vida personal y las otras dos, a su vida social.

La primera de ellas es la prohibición de casarse y tener descendencia (16.2). Esto era muy inusual en su tiempo y tiene la función de ser una señal profética de que toda Judá quedará sin familias en el día de su juicio.

La segunda de ellas es la prohibición de participar en alguna clase de luto (16.5). Tal abstención tiene como fin anticipar el tiempo en el que serán tantas las muertes que no se hará duelo por ellas, y en el que no habrá consuelo, porque «dice Jehová, yo he quitado mi paz, mi misericordia y mi compasión» (16.5), tres elementos característicos del pacto entre Dios e Israel.

La tercera y última instrucción es la prohibición de participar en celebraciones (16.8). Dios vuelve a indicarle a Jeremías que se aparte de su comunidad, y su ausencia en las festividades debe también reforzar el mensaje del juicio divino inminente que pondrá fin a todo gozo y alegría entre sus compatriotas.

Sin familia y sin vida social, el aislamiento del profeta también puede interpretarse como una señal del actuar de Dios alejándose de su gente por sus muchas maldades y pecados (16.10-13). ¡Pero Yahvé no se apartará para siempre de su pueblo! Así como le sobrevendrá la dureza del castigo, así también será restaurado en su regreso del exilio (16.14-15). Y llegará el día en que no solo Israel se volverá a su Dios, sino que todas las naciones de la tierra le reconocerán como el único y soberano Señor (16.19-21).

Corazones y lealtades (17.1-13)

Tal como es característico de esta sección, este capítulo continúa hablando del pecado de Judá y del juicio divino que le aguarda. La particularidad de este sermón radica en el uso que hace Jeremías de toda esta situación para, a partir de ella, plantear una reflexión de corte sapiencial sobre el asunto de las lealtades.

El comienzo ofrece un cuadro del estado espiritual de Judá, al que describe como un corazón que tiene grabado en forma indeleble el pecado de la idolatría (17.1). Por esta causa, Dios le entregará en manos de sus enemigos, que saquearán sus tesoros, tomarán sus tierras y le pondrán bajo servidumbre (17.2-4).

El ejemplo de Judá inspira a Jeremías a plantear la cuestión de fondo —el problema de la lealtad—, y a construir, a partir de allí, palabras de sabiduría (17.5-8). Tomando como referencia el Salmo 1, el profeta señala los dos caminos posibles en esta vida: confiar en los seres humanos (o en los falsos dioses), o confiar en el Dios verdadero. El primero de ellos —y el elegido por Israel— es la senda de la gente malvada, que finalmente acarrea maldición y muerte. El segundo es el camino de quienes se aferran al Señor, y ofrece a quienes le siguen la bendición de la plenitud de vida.

El ejemplo de Judá también sirve para reafirmar la sabiduría y la justicia divinas. ¡Dios no puede ser engañado! Aunque haya quienes aparenten seguirle, el Señor conoce los corazones, sabe de sus lealtades y recompensa «a cada uno según su camino, según el fruto de sus obras» (17.10).

«¡Sáname... sálvame» (17.14-18)

Probablemente, el reflexionar sobre las lealtades y las consecuencias de confiar en Dios o de abandonarle haya provocado que Jeremías vuelva a considerar su situación personal y exprese aquí la tercera de sus «confesiones». Al igual que en la segunda de ellas (15.18), el profeta experimenta tanto sufrimiento emocional que se siente enfermo. Ahora la causa de su angustia es la burla del pueblo ante sus profecías (17.15) —que parecen no cumplirse nunca— y la persecución de quienes descreen en su mensaje (17.18). Su clamor se expresa intensamente: «Sáname, Jehová, y quedaré sano; sálvame, y seré salvo» (17.14). Hay solo una manera en la que Jeremías puede recibir tal liberación: que Yahvé ejecute lo anunciado por su siervo (17.17-18). En su fuero íntimo, el profeta sabe de su comunión con él y de la veracidad de sus mensajes: «*tú* eres *mi* alabanza» (17.14); «*tú* lo sabes» [todo de *mí*] (17.16); «*mi* refugio eres *tú*» (17.17). Y aunque no haya aquí una respuesta verbal inmediata, no pasará mucho tiempo antes que Dios convierta su palabra en acción.

El día de reposo (17.19-27)

Retomando las razones por las cuales Judá y Jerusalén están bajo juicio divino, nos encontramos ahora ante un sermón sobre el día de reposo. Su estructura es sencilla y consta de tres partes principales.

La primera de ellas reitera el mandamiento mosaico sobre el sábado (17.21-22; véase Ex 20.8-11; Dt 5.12-14), e introduce la referencia a su quebrantamiento por parte del antiguo Israel (17.23).

La segunda parte (17.24-26) describe las bendiciones reservadas para el pueblo, «si vosotros me obedecéis» (17.24). Esta porción es clave en este mensaje y reitera uno de los conceptos centrales de este libro: la teología del pacto (véase el comentario al capítulo 7). La continuidad de la dinastía davídica, la permanencia del templo de Jerusalén y la inviolabilidad de Sión (17.25-26) eran promesas «condicionales» al cumplimiento de los mandatos divinos.

La contracara de tales bendiciones está registrada en la tercera y última parte del discurso (17.27). La desobediencia a la ley de Dios acarrea las maldiciones del pacto. Y por cierto, a estas alturas de su historia, Judá y Jerusalén están lejos de la obediencia, y por ende, camino a su destrucción.

El barro y el alfarero (18.1-17)

En esta ocasión Dios envía a Jeremías a la casa de un alfarero para anunciarle allí un nuevo mensaje. En el lugar, el profeta observa que cuando el artesano no queda satisfecho con la forma que ha tomado una vasija —mientras la arcilla está aún blanda— vuelve a trabajar sobre ella hasta lograr el objeto deseado. Entonces el Señor le dice: «Como el barro en manos del alfarero, así sois vosotros en mis manos, casa de Israel» (18.6).

Aunque pueda pensarse que la interpretación de esta imagen es bastante sencilla, lo cierto es que presenta ciertas complejidades. Sin dudas Dios —como aquel alfarero— tiene en sus manos el control de todas sus obras. Sin embargo, las naciones no son como el barro. Mientras que la arcilla es un material inerte y totalmente dócil a su modelación, los pueblos son también artífices de su destino. Con su arrepentimiento pueden alcanzar bendición, pero persistiendo en la maldad solo encontrarán destrucción (18.7-10).

Precisamente esto ocurre con Judá. Por su pecado está destinada al castigo. Si se convirtiera su futuro podría ser distinto (18.11-12), pero de modo incomprensible, «antinatural» (una idea semejante a las de 8.4-17) e insensato, no quiere volver al Señor (18.13-14). Por lo tanto, Yahvé cumplirá su designio: «Delante del enemigo los esparciré… En el día de su perdición les mostraré las espaldas, y no el rostro» (18.17).

El sermón del barro y del alfarero tiene una lección profunda sobre la relación entre la soberanía divina y las elecciones personales. El destino de la gente y de los pueblos se va construyendo en el desarrollo de esa dinámica, en la que Dios —como el alfarero— es quien finalmente tiene la última palabra.

« ¿Se da mal por bien…?» (18.18-23)

Tantas palabras de juicio contra Judá y contra Jerusalén hacen que Jeremías cada vez gane más enemigos. Ahora el pueblo trama un nuevo complot contra él —al parecer, reuniendo evidencias para formular un juicio en su contra (18.18) que lo sentencie a la pena de muerte (18.20, 22-23). No se menciona cómo el profeta toma conocimiento de este plan, pero, sí se nos deja saber su reacción ante esta amenaza, expresada en la cuarta de sus «confesiones».

La clave para comprender su estado anímico se halla en la pregunta: «¿Se da mal por bien…?» (18.20). ¡Jeremías había intercedido ante Dios por esta misma gente, que ahora procura su muerte! ¡Su pueblo era ingrato y completamente injusto con él! Semejante situación despierta el clamor del profeta. Y aunque sorprende la vehemencia —y hasta la violencia— de sus peticiones, Jeremías no hace otra cosa que reclamar el cumplimiento de lo que Yahvé ya había anunciado por su intermedio: hambre y espada (18.21; véase 14.1–15.4), y el fin de la oportunidad para alcanzar perdón (18.23). Al igual que en la tercera «confesión», Dios no le responde con palabras, pero no faltará mucho tiempo para que Jeremías y todo el pueblo vean cumplirse todas las profecías de juicio ante sus propios ojos.

La vasija rota (19.1-15)

El texto retoma el uso de la imagen del barro y el alfarero (18.1-17), aunque aquí el mensaje es más dramático que entonces. En esta ocasión Dios comisiona a Jeremías a llegarse a la casa del alfarero —acompañado por testigos— para comprarle una vasija y luego pronunciar una profecía en el valle del hijo de Hinom. Este lugar, también llamado Tofet, no fue elegido al azar. Era un sitio muy representativo, con una larga historia vinculada a la idolatría que se remonta a los tiempos de Salomón, cuando este rey construyó ahí altares a Quemos y a Moloc (1 Re 11.7). Los rituales de esos cultos eran aberrantes, particularmente en su práctica que sacrificar infantes en el fuego (2 Cr 28.3; 33.6). Durante el reinado de Josías se clausuró el lugar para la adoración pagana (2 Re 23.10), y desde entonces fue transformado en basurero de Jerusalén.

Allí Jeremías anuncia un mensaje de juicio contra Judá, y realiza un acto simbólico, rompiendo la vasija comprada al alfarero. Luego profetiza sobre esta acción, declarando el quebrantamiento que vendrá sobre su pueblo, que tendrá la contundencia de «quien quiebra una vasija de barro, que no se puede restaurar más» (19.11). La mortandad de su gente será tan masiva, que se harán entierros hasta en Tofet —el basurero, un sitio religiosamente «impuro»—, y toda Jerusalén se volverá inmunda. ¡Imaginemos por un momento el estupor de su auditorio! ¡Proferir tanto juicio y tratar a la «ciudad de Dios» de manera tan repugnante! ¡Y como si esto no fuera suficiente, Jeremías reitera más palabras de castigo en el mismo atrio del templo!

En el cepo (20.1-6)

Las consecuencias de los dichos y actos de Jeremías no tardan en llegar. Pasur —oficial del templo, encargado de su orden y de su seguridad— le arresta y le castiga con azotes. Luego le pone en un cepo y le deja allí hasta la mañana siguiente, cuando, mientras le libera, escucha de Jeremías una terrible profecía en su contra.

El futuro de Pasur —ahora nombrado como *Magor-misabib* (20.3), que significa «terror por todas partes»— será trágico. La desgracia vendrá sobre él y sobre sus seres queridos. Perderá sus riquezas, su posición y su libertad, y será llevado con su familia al cautiverio babilónico, donde encontrará la muerte. Sin dudas, le espera un duro castigo, que se le aplicará no solo por resistir el mensaje de Dios y por atacar a su enviado, sino también por profetizar falsamente, pervirtiendo la palabra de Dios (20.6).

Sería parcial interpretar esta profecía tan solo como un hecho particular y personal. En este contexto Pasur está representando al sacerdocio de Jerusalén, y el castigo que aquí se le anuncia también alcanzará a todo el liderazgo rebelde a la voluntad divina.

Con depresión (20.7-18)

El encarcelamiento y la tortura del profeta vuelven a golpearle fuertemente en sus emociones, dando lugar a que Jeremías pronuncie la quinta —y tal vez la más dramática— de sus «confesiones». Este poema expone con una honestidad brutal su crisis personal y la profundidad de su estado depresivo. En su estructura, se pueden reconocer dos partes principales.

La primera de ellas (20.7-13) tiene el formato de un lamento individual (véase como ejemplo el Salmo 13): invocación a Yahvé (20.7); queja (20.7-10); declaración de confianza (20.11); petición (20.12); alabanza (20.13). Sus versos manifiestan la compleja situación que experimenta Jeremías. En el plano social, está totalmente aislado: enfrenta el rechazo de una comunidad que no quiere escucharle y la burla de su gente al no ver el cumplimiento de sus profecías. Y en su fuero íntimo lucha con su llamamiento. Por un lado, se siente defraudado por Dios y desea abandonar su ministerio, mientras que al mismo tiempo su vocación

Mensajes de juicio contra Judá y contra Jerusalén

es tan fuerte que no consigue renunciar a ella. Curiosamente Jeremías describe este conflicto espiritual con la metáfora de la «seducción» (20.7) —un término referido a la conquista sexual de una persona a la que luego se abandona o se traiciona (Ex 22.16; Jue 16.5).

En medio de su depresión el profeta exclama con palabras de confianza en Dios: «Mas Jehová está conmigo como un poderoso gigante» (20.11). ¡Suena incompatible que unos instantes atrás Jeremías se queje de que Dios ha usado su poder en su contra (20.7), y ahora lo perciba a su favor! Pero téngase en cuenta que en toda esta crisis el profeta lucha con sentimientos contradictorios y experimenta una aguda inestabilidad emocional. La misma le lleva a proferir un canto de alabanza (20.13), seguido de una maldición contra su propia vida (20.14).

En la segunda parte de esta «confesión» (20.14-18) la depresión de Jeremías se agrava. No es casual que sus imprecaciones se refieran a su nacimiento ni que manifieste el deseo de haber muerto en «el vientre de mi madre» (20.17). ¿Acaso no había sido escogido por Dios aun antes de ser formado en «el vientre de su madre», y dado por «profeta a las naciones» desde su nacimiento? (1.5). Repudiar su existencia no es más que otra manera de renegar de la misión que le fuera encomendada. «¿Para qué salí del vientre?» (20.18) —se pregunta con desespero. «¿Para ver trabajo y dolor, y que mis días se gastaran en afrenta?» (20.18). Como muchas otras preguntas humanas complejas, estas quedan sin una respuesta divina inmediata. Solo el tiempo demostrará el impacto del ministerio de Jeremías en la continuidad de la comunidad judaica y en la edificación de los creyentes hasta nuestros días.

Capítulo 5

Mensajes contra la ideología dominante (Jer 21.1-29.32)

Esta sección se caracteriza por su tono polémico y muestra a Jeremías denunciando a distintos grupos, individuos y naciones, y al mismo tiempo siendo acusado y combatido por otros. Estas confrontaciones giran en torno a un debate teológico. Por un lado, se encuentra la mayoría, que sostiene la idea de la incondicionalidad de las promesas de Dios en relación con la tierra, con el templo y con la monarquía davídica. Esta creencia —que hemos denominado «ideología dominante»—, sostiene la inviolabilidad de Sión y la protección divina sobre las principales instituciones judaicas. En el lado opuesto se hallan Jeremías y una muy pequeña minoría que defienden la teología del pacto. La tierra, el templo y el reinado de los descendientes de David están ligados a la obediencia a la ley de Dios. El pacto deuteronómico es retributivo, y establece que para gozar de sus bendiciones es necesario asumir sus demandas ético-religiosas. Los próximos capítulos incluyen profecías y narraciones que atestiguan la ferocidad de la controversia entre estas dos facciones.

«Pelearé contra vosotros» (21.1-14)

Este episodio corresponde al tiempo en que comienzan a cumplirse las profecías de Jeremías. En marzo de 597 a. C. Nabucodonosor —al frente del ejército babilónico— toma Jerusalén, captura al rey Joaquín y coloca en el poder a Sedequías (597-587 a. C.) (2 R 24.8-17). Este era un muchacho joven, sin experiencia y rodeado de líderes faltos de capacidad para responder a un escenario tan complejo. Durante la década de su gobierno se viven tiempos muy convulsionados. Sin ninguna prudencia traman complots contra los caldeos, poniendo a Judá cada vez en situación de mayor peligro. En 587 a. C. Sedequías se rebela contra Babilonia y desata la furia de Nabucodonosor, quien envía a su ejército contra Jerusalén, le pone sitio, captura a su rey y, finalmente, incendia la ciudad y se lleva a gran parte de la población al cautiverio (2 R 25.1-21).

No hay consenso en cuanto al momento preciso en el que se desarrollan los hechos vinculados a esta porción (21.1-14). Podría ubicarse en tiempos de la primera llegada de Nabucodonosor a Jerusalén, o durante su sitio, poco antes de su destrucción, o en algún período intermedio. Pero más allá de la fecha, resulta notable ver cómo han cambiado las circunstancias. Ahora, desesperado, el propio rey de Judá manda representantes para pedirle a Jeremías que consulte a Dios sobre el futuro de su nación. La pregunta del liderazgo podría formularse así: ¿va a hacer Yahvé algunas de sus maravillas para librarnos de Babilonia? (21.2). El profeta ofrece cuatro respuestas a su interrogante.

En primer lugar, contesta directamente al rey anunciándole que una vez más el Señor va a desplegar su poder, pero ahora no lo hará en su favor (21.3-7). «Pelearé contra vosotros» (21.5) es el categórico mensaje divino. Tal como ya Jeremías lo había predicho, es Dios mismo quien está contra su gente, y los caldeos no son más que un instrumento en sus manos para su castigo.

La segunda respuesta se dirige al pueblo (21.8-10). Pese a la catástrofe que se les avecina hay una posibilidad para salvar sus vidas: deben someterse a sus enemigos. Seguramente estos dichos aumentan la percepción de Jeremías como traidor. Sin embargo, es un consejo sabio desde la lógica humana y desde la perspectiva espiritual. Rendirse a los caldeos es una manera de sujetarse al juicio divino.

La tercera contestación vuelve a dirigirse a la casa real (21.11-12). Su mensaje establece dos demandas que la monarquía debe cumplir para evitar el castigo: «Haced de mañana justicia y librad al oprimido de mano del opresor» (21.12). La primera de ellas hace referencia a su función de jueces —que en general, para evitar el calor, se ejercía durante mañanas. El orden aquí apunta claramente a su deber de hacer «verdadera justicia», es decir, administrar las leyes conforme a la voluntad divina. La segunda es complementaria de la primera. El cumplimiento del pacto sinaítico requiere rectitud para con todas las personas, y muy especialmente para las más desamparadas: huérfanas, viudas, extranjeras y pobres. La inminente caída de Jerusalén demostrará que los reyes no hicieron caso alguno a estas advertencias.

Finalmente Jeremías profetiza contra la «moradora del valle y de la piedra de la llanura» (21.13-14). La referencia es algo enigmática, pero en el contexto parece apuntar a Jerusalén. La pregunta del rey es: ¿va a hacer Yahvé alguna de sus maravillas para librarles de Babilonia? La última respuesta del profeta es contundente. El Señor castigará a su pueblo por su orgullo y por cada una de sus malas obras.

Contra los reyes de Judá (22.1-23.8)

Ahora Jeremías proclama un oráculo más extenso contra la monarquía judía que presenta tres secciones diferentes. En la primera de ellas (22.1-9) sus palabras se dirigen primeramente al «rey de Judá» (22.2) sin especificar su nombre. Si se toma en cuenta la similitud de su contenido con 21.11-12 podría pensarse que se trata del rey Sedequías, pero más allá del dato puntual, toda esta parte contiene una denuncia a la institución real por incumplir con las responsabilidades éticas establecidas en la ley de Dios, sintetizadas en dos vocablos muy significativos en la tradición israelita: «derecho y justicia» (22.3). El uso de ellos en forma conjunta es semejante a lo que hoy se comprende como «justicia social», y tal sentido se confirma en la descripción que enuncia el mismo texto: «librad al oprimido de mano del opresor y no robéis al extranjero, al huérfano y a la viuda, ni derraméis sangre inocente en este lugar» (22.3). El pacto mosaico contenía una importante cantidad de mandatos destinados a proteger a los sectores más débiles de la sociedad (Ex 21-23.13; Lv 19.9-37; Dt 10.12-22; 24.17-22), y el canon de un reinado ejemplar implicaba un gobierno socialmente justo (Sal 72).

El mensaje del profeta refuta la errónea teología real —que sostenía que las promesas hechas a David eran incondicionales, y que siempre habría uno de sus herederos en el trono (véase comentario al capítulo 7). En su lugar, reafirma la teología del pacto —de corte retributivo. «*Si... obedecéis* esta palabra, los reyes que en lugar de David se sienten sobre su trono entrarán montados en carros y en caballos por las puertas de esta casa, ellos, sus criados y su pueblo. Pero *si no escucháis* estas palabras, por mí mismo he jurado, dice Jehová, que esta casa quedará desierta» (22.4-5).

A la luz de estas estipulaciones, la monarquía judía es culpable de incumplir las leyes divinas, por lo que su castigo es inminente. Todo su poderío y esplendor —representados por las metáforas del fértil valle de Galaad y de los famosos bosques del Líbano— serán destruidos por agentes enviados por Dios. Y semejante desgracia será un testimonio para todas las naciones de las causas de su ruina: «Porque dejaron el pacto de Jehová, su Dios, adoraron a dioses extraños y los sirvieron» (22.9).

En su segunda parte, Jeremías profetiza contra los reyes de Judá, ahora refiriéndose en forma específica a varios de ellos, cuyas acciones explican el fracaso de la institución monárquica (22.10). En primer lugar sus palabras se refieren a Salum —conocido también por su nombre real como Joacaz (22.10-12). Hijo del rey Josías, llegó al trono a la muerte de su padre, y sólo gobernó Judá durante tres meses (2 R 23.31). Se sabe poco de su gestión y de sus ideas políticas. No obstante, se declara contundentemente que «hizo lo malo ante los ojos de Jehová» (2 R 23.32). El faraón Necao le depuso y le llevó cautivo a Egipto, donde murió. Así se cumplieron los dichos que sobre él pronuncia aquí Jeremías: «no volverá jamás ni verá la tierra donde nació... no volverá más aquí... no verá más esta tierra» (22.10-12).

En segundo lugar la profecía se dirige al rey Joacim (22.13-19). Hijo de Josías, comenzó a reinar en lugar de su hermano Joacaz cuando Necao le puso en el poder (2 R 23.36–24.6). Jeremías le denuncia por sus pecados, que podrían resumirse en orgullo, avaricia, y, fundamentalmente, falta de justicia social. Luego se enfatiza que Joacim no tiene excusas para su comportamiento inicuo, porque ha recibido un buen ejemplo de su padre —que sí actuó «conforme al derecho y la justicia» (22.15). Y por sus muchas maldades se le castigará con una muerte vergonzosa (22.18-19). Aunque los textos bíblicos no dan cuenta del cumplimiento literal de lo dicho en esos versículos, hay bastante consenso en creer que Joacim murió asesinado. Por su estilo de gobierno déspota, seguramente se le lloró poco, y de hecho, el juicio histórico que recae sobre él le quita la honra con la que el pueblo hebreo recuerda a su padre.

En tercer lugar el oráculo anticipa los tiempos de Joaquín y se enfoca en Jerusalén (22.20-23). No solo hay juicio sobre la casa real, sino sobre la ciudad toda. Los pecados de que aquí se le acusa son la rebeldía y el

Mensajes contra la ideología dominante

orgullo. Su prosperidad le dio un falso sentido de seguridad. Ahora, se encuentra sola —sin aliados— y pronto se quedará sin sus gobernantes y sin su tan preciada nobleza, que serán llevados al cautiverio. Entonces experimentará vergüenza, confusión, y un dolor semejante al de la mujer que está de parto.

En cuarto lugar Jeremías profetiza sobre Conías (22.24-30). Más conocido como Joaquín, fue el hijo y sucesor de Joacim. Llegó al trono al morir su padre y tan solo reinó durante tres meses. Entonces Nabucodonosor sitió Jerusalén, tomó prisionero a Conías y le llevó cautivo a Babilonia, donde vivió hasta su muerte (2 R 24.8-17; 27—30). Este destino es anticipado por el profeta en esta sección. Sus primeras palabras son una sentencia en la que Dios jura por sí mismo que Joaquín será arrancado de su función real. La metáfora que aquí se emplea es la del anillo en la mano derecha —un anillo con el que los reyes sellaban documentos oficiales y que representaba la potestad monárquica. Lo que esta figura resalta es que Joaquín no encarnará más la autoridad divina. Dios le ha desechado —a él y a la casa de David— y le entregará en manos de la temida Babilonia. La profecía deja el lenguaje figurado para declarar abiertamente que el joven —al igual que su madre Nehusta— irán al cautiverio, de donde nunca regresarán. La inclusión aquí de Nehusta se debe tanto al hecho de que ella es la progenitora de un rey que es cortado junto con su descendencia de las promesas del linaje davídico, como a su papel como reina-madre —que parece haber sido más preponderante al coronarse a Joaquín en su temprana juventud.

Jeremías retoma la figura de la vasija quebrada —que ya había empleado en 19.1-15 para referirse al pueblo de Judá— para ahora aplicarla al rey Joaquín. Así como un recipiente roto es inútil y se le descarta, así será este rey en el exilio. El profeta ratifica este destino anunciando que será «un hombre sin éxito en todos sus días» (22.30). ¡Toda la tierra debe escuchar estas palabras! Dios ha desechado a la casa de David. Ni Joaquín ni sus descendientes volverán a gobernar sobre su nación.

Pese al tono tan dramático de todo este discurso, su tercera sección tiene un contenido esperanzador (23.1-8). La profecía comienza repitiendo las denuncias contra los reyes de Judá que, como malos «pastores», no han cuidado de sus ovejas y han traído destrucción a todo su rebaño (23.1-2). Y entonces —cuando podrían esperarse más palabras de castigo— nos encontramos con tres sorprendentes promesas de bendición divina.

La primera de ellas es la promesa de la restauración de Judá (23.3-4). Aunque no será librada del cautiverio, después de un tiempo Dios reunirá un remanente y le devolverá a su tierra, y le hará prosperar.

La segunda es la promesa de la restauración de la casa de David (23.5-6). Este breve poema tiene profundas implicancias mesiánicas. El «renuevo justo» (22.5) encarnará los ideales de la monarquía hebrea y será leal al pacto mosaico —«actuará conforme al derecho y la justicia» (22.5). Por ello, será llamado «Jehová, justicia nuestra» (22.6), un nombre altamente simbólico que ofrece un juego de palabras con el nombre del gobernante de turno —Sedequías— que significa «Yahvé es justo». Aunque este no actúe conforme a su nombre, el Mesías sí será verdaderamente recto.

La tercera promesa anticipa la maravilla de la restauración posexílica (22.7-8). Jeremías proclama que su impacto en la comunidad tendrá tal magnitud que superará a la del éxodo de Egipto. Y por cierto, esta palabra se cumplió. El judaísmo nació del cautiverio babilónico, del retorno del remanente a Canaan y de la reconstrucción teológica de la comunidad posexílica.

La profecía contra los reyes de Judá tiene un mensaje que trasciende su propio contexto histórico. Puede sintetizarse en los dos términos claves de este texto: «derecho y justicia». Hacer la voluntad de Dios implica vivir conforme a sus enseñanzas, teniendo especial cuidado de las personas más vulnerables y necesitadas. El Mesías mismo se presenta aquí como «verdadera» justicia de Dios (22.6), y como quien «actuará conforme al derecho y la justicia» (22.5). Por ello, la búsqueda y la práctica de la justicia social siguen siendo demandas éticas fundamentales para la iglesia cristiana y para cada creyente de nuestros días. «Derecho y justicia» son necesarios para cumplir el mandato que tanto enfatizó Jesús: «Amarás a tu prójimo como a ti mismo» (Mt 22.39).

Contra los falsos profetas (23.9-40)

A continuación de los oráculos contra los reyes de Judá se presenta esta extensa profecía contra los falsos profetas (23.9). El trasfondo de este discurso es la dura polémica entre Jeremías y aquellos líderes religiosos que se consideran a sí mismos como los auténticos portavoces de Yahvé y que, sobre esa falsa prerrogativa, hostigan y persiguen al anatotita. El

Mensajes contra la ideología dominante

texto, predominantemente poético, está estructurado en cinco bloques principales.

El primero de ellos trata sobre los pecados de los falsos profetas (23.10-15). La figura dominante en esta sección es la del «adulterio» (23.10, 14). Esta imagen se desprende de otra bastante usada por Jeremías y por otros profetas veterotestamentarios —la del matrimonio entre Yahvé y su pueblo (véase 2.14-37). Es en este sentido que se interpreta a la idolatría en términos de adulterio —metáfora que se ve reforzada si, además, se toma en cuenta que los ritos sagrados cananitas incluían numerosas prácticas sexuales inmorales. Que «la tierra está llena de adúlteros» (23.10) es consecuencia de la corrupción de su liderazgo religioso —«profetas» y «sacerdotes» (23.11)— que hasta se ha atrevido a profanar el templo. Este «adulterio» ya había acontecido en tiempos de Manasés y de su hijo Amón (2 R 21.4-7, 20-22) y, con excepción del reinado de Josías, continuó durante los mandatos de Joacim, Joacaz, Joaquín y Sedequías.

Estos falsos profetas de Judá son tan pecadores que se les compara con los de Samaria. Así como estos últimos habían guiado al pueblo a rendir culto a Baal, así los primeros son culpables de «adulterio» —idolatría. Y como si esto fuera poco, además profetizan falsamente y usan su influencia para apoyar gobiernos injustos. ¡Imagínese la sorpresa del auditorio al oír este mensaje! ¡Poner a la misma altura al orgulloso liderazgo de Judá y a los de la despreciada Samaria! Y no solo esto. Luego Dios les equipara con Sodoma, y al pueblo todo, con Gomorra (23.14) —dos ciudades emblemáticas de la maldad, de la inmoralidad sexual y del castigo divino por su pecado. Además les advierte del castigo por su «adulterio». Serán inflingidos con amargura —«ajenjos» (23.15)— y con un destino trágico (23.12).

El segundo bloque de este sermón se enfoca en el contenido de las falsas profecías (23.16-20). Los oráculos que afirman la paz de Dios —el *shalom*— y la ausencia del mal sobre el pueblo son mentirosos porque no provienen del Señor, sino de pensamientos humanos (23.16). Con certeza esta acusación tiene en cuenta que este liderazgo promueve la ideología dominante —la creencia errónea de que las promesas hechas por Yahvé sobre la tierra y sobre la casa de David son incondicionales (véase la Introducción)— generando así falsas expectativas en la gente. Pero esto no es todo. El problema aquí no radica sólo en un fundamento teológico errado, sino en el hecho de que estos mensajeros no tienen comunión alguna con Dios. Solo quien «estuvo en el secreto de Jehová, y vio y oyó su palabra» (23.18) es su auténtico portavoz. En ese «secreto» —imagen de la plena intimidad con el Creador— Jeremías conoció los pensamientos divinos y a través de él trae a Judá un mensaje que está en las antípodas del *shalom*.

En la tercera sección Jeremías argumenta contra la misión de los falsos profetas (23.21-22). Esta es tan falsa como sus portadores por dos razones fundamentales. La primera de ellas es que no tiene origen divino. Contundentemente Dios declara la gravedad de su mentira: «No envié yo aquellos profetas... yo no les hablé» (23.21). La segunda no es menos seria. Su misión no cumple con los propósitos del Señor. No han conseguido que el pueblo se arrepienta de sus pecados y se vuelva a Dios (23.22). Estas dos razones pueden resumirse en un concepto ya usado en los versos anteriores: su misión es falsa porque ellos no han estado en el «secreto» de Yahvé (23.22).

La cuarta parte de este oráculo aborda la cuestión de la autoridad de los falsos profetas (23.23-32). Desde su inicio expone la falsedad de uno de sus dogmas, que se desprende de la errónea teología dominante, según el cual Yahvé estará siempre cerca de Judá e «incondicionalmente» a favor de su pueblo. Esta doctrina no solo legitimaba la conducta pecaminosa de esta gente —porque, desde su perspectiva, hicieran los que hiciesen el Señor les libraría—, sino que también terminaba invirtiendo los roles haciendo parecer a Dios como su siervo y no como su rey. «¿Soy yo Dios de cerca solamente, dice Jehová, y no Dios de lejos?» (23.23). Esta pregunta retórica asesta un duro golpe contra los falsos profetas y su falsa teología. En la relación pactual Yahvé es el soberano —omnisciente y omnipresente (23.24)— y como tal tiene el poder para decidir entre bendecir a su pueblo y abandonarle.

La majestuosa soberanía de Dios se contrapone con la autoridad ilegítima de los falsos profetas. Sus palabras son engañosas. Dicen haber tenido sueños con revelaciones divinas y se jactan de profetizar en nombre del Señor, pero es todo mentira. Solo han logrado que el pueblo se aleje de Dios. Sus mensajes son como la «paja» al lado del «trigo» —palabra falsa junto a la «palabra verdadera» (23.28). Solo los dichos de Yahvé son autoritativos porque tienen tanto poder como «un martillo que quebranta la piedra» (23.29).

Mensajes contra la ideología dominante

Profetizar mentirosamente en nombre del Señor es un pecado muy grave, porque estos portavoces se atribuyen una autoridad divina que jamás les fue concedida. Tal es la magnitud de esta falta que tres veces —cuando una sentencia se declara tres veces se le da un énfasis categórico— Yahvé declara estar en su «contra» (23.30-32).

El quinto y último bloque de este mensaje anuncia el juicio de los falsos profetas (23.33-40). Esta sección es difícil y compleja porque sus dichos tienen un constante juego de palabras entre vocablos hebreos de sonido muy semejante: *māśśā* —que se traduce como profecía o como carga— y *nāśā* —que conlleva la idea de levantar una carga para arrojarla (23.39). La idea central de esta sección es que Dios prohíbe a estos profetas impostores decir que hablan de parte suya. Y si alguno de ellos se atreve a decir falsamente que sus palabras son «profecía de Jehová» (23.34) o su equivalente, «carga de Jehová» (23.36, 38), los tales serán castigados: «os echaré en el olvido y os arrancaré de mi presencia, a vosotros y a la ciudad que os di a vosotros y a vuestros padres» —*nāśā* (23.39)—, «y pondré sobre vosotros afrenta perpetua, eterna confusión que nunca borrará el olvido» (23.40).

El oráculo contra lo profetas impostores tiene connotaciones interesantes para nuestros días, cuando tantas personas y comunidades diferentes se autoproclaman como genuinos portavoces de Dios, porque brinda algunos parámetros que ayudan a discernir su autenticidad o su falsedad, y a separar la «paja» del «trigo». Solo quienes están en el «secreto» de Dios tienen la capacidad de discernir y de comunicar sus propósitos. Esta íntima comunión con el Señor —en este texto— no apunta tanto a una espiritualidad mística como al compromiso ético con la voluntad divina. La auténtica misión profética no puede separarse de la vida de quienes la proclaman, y debe guardar el firme propósito de guiar a la gente a un genuino encuentro con Dios.

Higos buenos e higos malos (24.1-10)

Este sermón fue pronunciado en algún momento en el período intermedio entre la primera y la segunda deportación (24.1). Los sucesos históricos que están en su trasfondo son piezas claves para su interpretación. La primera deportación se produjo en el año 597 a. C., cuando los ejércitos caldeos tomaron Jerusalén. Entonces Nabucodonosor ordenó tomar prisionero a Joaquín —un muchachito de dieciocho años, que llevaba tan sólo tres meses en el trono— y llevarle cautivo a Babilonia, junto con un grupo de otras personas. Entre ellas estaban la reina madre, miembros de la familia real, cortesanos, altos oficiales y ciudadanos importantes de Jerusalén (2 R 24.12). La estrategia caldea de esta deportación era apartar de Judá su liderazgo más calificado, y con ello debilitar sus posibilidades de organizarse y llevar a cabo una rebelión. El pueblo judío perdió a su rey, y vio cómo Nabucodonor instaló a Sedequías —tío de Joaquín y el menor de los hijos de Josías— en su lugar. No queda muy claro cuál fue el estatus de Sedequías —si como rey o sólo como regente—, pero lo cierto es que había diferentes apreciaciones sobre su persona. Contaba con el apoyo del sector que seguía procurando alianzas con Egipto en contra de Babilonia, mientras que otro grupo le rechazaba y confiaba en el regreso de Joaquín —a quien seguían considerando su legítimo monarca.

La deportación del primer contingente marcó una fractura dentro de la comunidad judaica, no solo por la separación física de los cautivos, sino por las interpretaciones teológicas que se hicieron sobre el asunto. La conclusión más rápida a que llegaron fue que el favor de Dios estaba con la gente que quedó en Judá y en contra del grupo exiliado. Esto generó mucha tensión entre ambos conjuntos y fomentó el orgullo de un sector y el desprecio por el otro. Con este marco de fondo Jeremías predicó la profecía de los higos buenos y de los higos malos. Su estructura es muy simple y tiene tres partes: la visión (24.1-2), un breve dialogo entre Dios y Jeremías (24.3), y la explicación de la visión (24.4-10).

El texto comienza relatando que Dios le muestra al profeta dos cestas de higos que están delante del templo. Una de ellas tiene «higos muy buenos, como brevas» (24.2) —frutos de maduración temprana que eran considerados un manjar—, mientras que la otra tiene «higos muy malos» (24.2) —«que de tan malos no se pueden comer» (24.3). El texto no permite saber si esta imagen se da en una situación real —en alguna visita de Jeremías al templo— o si se trata de una visión mental. Si se confirmara el primer supuesto, resulta interesante pensar que estas cestas podrían ser parte de las ofrendas y estar mostrando dos caras de la espiritualidad de aquellos días: personas que siguen honrando a Dios con lo mejor de sus primicias y personas capaces de ofrendarle frutas podridas.

El breve diálogo entre Dios y el profeta sirve para destacar el contenido de la visión y crear inquietud por su significado tanto en Jeremías como

Mensajes contra la ideología dominante

en el público (24.3). Viene entonces la explicación divina (24.4-10). Los «higos buenos» representan al grupo en el exilio, mientras que los «higos malos» son figura de quienes quedaron en Jerusalén. ¿Se imagina uno la sorpresa de las mujeres y hombres de Judá al escuchar esta palabra? ¿Acaso esta gente no es «mejor» que la que estaba «castigada» en el destierro? ¡Una vez más Jeremías va en contra de las especulaciones humanas diciendo que Dios tiene otra manera de ver las cosas! Semejante confrontación agudizó la oposición contra el profeta, que en este período sufrió la mayor hostilidad y persecución de toda su vida.

La identificación de cada cesta de higos con una de las comunidades judaicas está acompañada de declaraciones proféticas sobre su destino. Los «higos buenos» son el remanente a partir del cual Dios restaurará a su pueblo. Algún día regresarán a su tierra y se trasformarán en una auténtica nación del pacto, porque se volverán al Señor con todo su corazón. Las promesas para este grupo incluyen el uso de los mismos vocablos que aparecen en la misión encomendada a Jeremías (1.10). Será edificado —y no destruido. Será plantado —y no arrancado (24.5-7). Los «higos malos», por su parte, serán desechados. Al referirse a este grupo se identifica concretamente a Sedequías, a su séquito, al pueblo que se quedó en Judá y a la gente judía que mora en Egipto. Esta última inclusión brinda una pauta de las razones de su castigo. Son rebeldes y siguen creyendo que su liberación viene de manos egipcias, en lugar de buscar ayuda en el Señor a través del arrepentimiento genuino. Por ello les espera un futuro trágico, marcado por los males más temidos: «espada, hambre y peste» (24.10), en tal magnitud, que serán «exterminados» (24.10).

Tal vez haya quienes se pregunten el porqué de un futuro tan distinto para dos comunidades que, a fin de cuentas, son ambas pecadoras. La respuesta está en lo antedicho. Dios tiene su propia manera de ver las cosas. Lo que hace diferente a cada grupo es su actitud ante el juicio divino. La historia narra que buena parte del pueblo en el exilio, en medio de su sufrimiento, se arrepintió y buscó al Señor. En cambio, quienes quedaron en Judá ignoraron las advertencias y las señales de juicio sobre la nación, y se llenaron de orgullo y autosuficiencia. Ser «higo bueno» o «higo malo» no tiene que ver con méritos propios, sino con la actitud del corazón ante Dios. Cualesquiera que sean las circunstancias, cuando hay arrepentimiento sincero, Dios perdona, pero la rebeldía y la soberbia, más temprano o más tarde, conducen a la destrucción.

La copa de la ira (25.1-38)

Ahora el texto da un salto para atrás en el tiempo antedicho. Recuerde que, como se dijo en la Introducción, esta obra no está organizada en forma cronológica sino más bien por afinidades temáticas. La fecha de esta profecía está explicitada, y data del año 605 a. C.: «año cuarto de Joacim hijo de Josías, rey de Judá, el cual era el año primero de Nabucodonosor, rey de Babilonia» (25.1). Este año es históricamente significativo porque en él se produce la derrota definitiva de los egipcios en manos de los caldeos, en lo que se conoce como la batalla de Carquemis (46.2, 2 R 24.7). El éxito militar de Nabucodonosor sobre el faraón Necao tiene consecuencias directas sobre Judá, que pasa de ser vasalla de Egipto a quedar bajo la potestad tributaria caldea (2 R 24.1).

En consonancia con los restantes discursos de esta sección (capítulos 21 al 29), este oráculo también incluye una polémica, que en este caso tiene como destinatarias a las naciones. Un concepto clave en el texto es la imagen de la «copa de la ira» —literalmente aquí, «la copa del vino de este furor» (25.15). Esta figura remite a la soberanía divina para juzgar a todos los pueblos y para dar a cada uno el castigo merecido por sus pecados (49.12; Is 51,17, 22; Lm 4.21; Zac 12.2; Ap 14.10). El discurso gira sobre este eje y está estructurado en seis partes que juegan entre sí con ideas afines. El esquema podría enunciarse del siguiente modo:

[1] El juicio contra Judá (25.3-11)
    [2] El juicio contra Babilonia (25.12-14)
        [3] La copa de la ira contra las naciones en general (25.15-17)
[4] La copa de la ira contra Judá y Jerusalén (25.18)
    [5] La copa de la ira contra las naciones vecinas a Judá (25.19-29)
        [6] El juicio contra las naciones en general (25.30-38)

No es casual que las primeras palabras de juicio se digan contra Judá (25.3-11). Ella es más culpable que las otras naciones, porque ha sido advertida muchas veces de sus pecados. Durante veintitrés años Jeremías

Mensajes contra la ideología dominante

les ha hablado palabra de Dios sin lograr respuesta favorable. No quieren «escuchar» (véase el comentario sobre 7.21-28) a este siervo, así como no quisieron «escuchar» a los profetas que le precedieron (25.3-4). Todos ellos les han llamado a «volverse» —a arrepentirse— de su «mal camino» y de sus «malas obras» (25.5), principalmente ejemplificadas en sus prácticas paganas (25.6). La tierra que disfrutan es el cumplimiento de las promesas divinas que —contrariamente a lo que el pueblo piensa— no son incondicionales, sino que están sujetas a la obediencia del pueblo al pacto mosaico.

En el juicio divino Judá es hallada culpable. No quiere «escuchar» la voz de Dios, y persiste en la idolatría. Por ello perderá la tierra, y lo hará nada menos que en manos de Nabucodonosor —rey de Babilonia— designado aquí como «siervo» de Yahvé (25.9). Esta no es la única vez que se usa una imagen de esta naturaleza para referirse a un monarca pagano. Isaías habla de Ciro, el rey de Persia, como «ungido» o «mesías» de Dios (Is 45.1), pero así y todo no es difícil imaginar el escándalo que habrán provocado estas palabras. La referencia a Nabucodonosor como «siervo» no significa su conversión a Yahvé, ni un comportamiento personal conforme a la ética del pacto. Este rey es «siervo» en tanto es agente divino para castigar a su pueblo. (Habacuc 1.5-2.5 presenta una discusión muy interesante sobre el papel de Babilonia como instrumento de juicio sobre Judá).

La punición de la nación judía se describe en términos dramáticos. Su tierra —el lugar de su morada, pero especialmente el don obtenido por la promesa de Dios— «será convertida en ruinas y en espanto» (25.11). Y el pueblo —que una vez fue liberado por Yahvé de su esclavitud en Egipto— quedará bajo servidumbre en Babilonia durante setenta años (25.11).

Cuando pareciera consolidarse un cambio radical en el orden divino, Jeremías anuncia una nueva mudanza de las cosas. Cuando se cumpla el propósito de Dios sobre Judá —tras «setenta años» de cautiverio— llegará el turno del castigo sobre Babilonia (25.12-14). Aunque no se dice de manera clara, esta referencia lleva implícita la idea de la futura restauración de la comunidad judaica. Así se ponen de manifiesto algunos de los atributos de Yahvé. Dios es el soberano sobre todas las naciones y juzga rectamente a cada una según sus obras, y al mismo tiempo es misericordioso, y dará a su pueblo una nueva oportunidad.

El juicio sobre Judá, primero, y sobre Babilonia, después, son una muestra del gobierno de Dios sobre todos los reinos. La «copa de su ira» está pronta para que Jeremías la lleve a una serie específica de pueblos, que al beberla experimentará las consecuencias de sus actos (25.15-17). Judá es el primero que se menciona (25.18). Como ya se ha dicho, esta gente es más culpable porque ha tenido mayores privilegios (véase 25.3-11). Luego se enuncia una larga lista de naciones que serán castigadas (25.19-26). La «copa de la ira» que beberán será la «espada» (25.27). Se nombran a varios vecinos de Israel, y no parece casual que la nómina comience con Egipto (25.19) y concluya con Babilonia (25.26). Contra las falsas expectativas de quienes buscaban alianzas con los egipcios, Nabucodonosor acaba de derrotarles. Y a favor de las esperanzas de los futuros exiliados en Babilonia, esta también recibirá su condena.

La última parte de esta profecía está escrita en forma de poesía, y a lo largo de sus versos declara el juicio universal de Dios (25.30-38). Su contenido es más general y en cierta manera funciona como una conclusión de este discurso, que puede sintetizarse en una frase: Yahvé es el «Juez de todo mortal» (25.31). Con esta expresión se destacan tanto sus actividades judiciales como el alcance de su potestad. Como justo «Juez» no dejará sin castigo a las naciones, que experimentarán su ira por medio de la «espada» (25.31). Como mandatario sobre todo el universo, su rigor será mayor contra quienes gobiernan con iniquidad (25.34-36).

«La copa de la ira» es un tremendo sermón sobre la soberanía divina. Dios es el Señor de la historia. Nada ni nadie está fuera de su imperio. Y nada ni nadie quedará libre de su juicio, que empieza por su pueblo (1 P 4.17), y que es especialmente severo contra quienes hacen mal uso de su autoridad.

Peligro de muerte (26.1-24)

Si hay un profeta que no ha tenido una existencia fácil, ese es Jeremías. Sus mensajes llenos de juicios y de polémicas le hicieron ganar la antipatía de mucha gente y la abierta enemistad de otra. Este capítulo narra un episodio en el cual el profeta casi pierde la vida. La historia se remonta a los días del reinado de Joacim, probablemente a algún momento entre los años 609 y 608 a. C. (26.1) y relata lo sucedido como consecuencia de la predicación del «sermón del templo» (7.1-8.3).

Mensajes contra la ideología dominante

El texto comienza presentando una síntesis de aquel sermón (26.1-6). Su contenido tiene un claro llamado al pueblo a «volverse» a Dios. Si lo hace, entonces Dios se «arrepentirá» de castigarles (26.3). La referencia aquí al «arrepentimiento» divino merece especial cuidado. La Biblia es enfática en afirmar la inmutabilidad del Señor. «Dios no es hombre, para que mienta, ni hijo de hombre para que se arrepienta» (Nm 23.19; véase también 1 S 15.29). ¿Cómo se puede explicar, entonces, este dicho? Jeremías está haciendo un juego de palabras. Hay una profecía condicional, cuyo cumplimiento depende del «arrepentimiento» del pueblo. Como el Señor no cambia, cuando la gente se «arrepiente» de todo su corazón, Dios perdona. Desde la óptica humana puede parecer una mudanza en el designio divino, pero desde la perspectiva de Dios las consecuencias cambian cuando son las personas las que se «arrepienten».

La contrapartida de este llamado tiene una severa advertencia. Si no se deciden a obedecer la Ley de Yahvé, el destino del templo de Jerusalén será como el del santuario de Silo (véase el comentario a 7.1—8.3) y toda la ciudad será puesta por maldición ante las demás naciones (26.5-6).

Dichas estas palabras no tarda en conocerse la reacción de la audiencia. «Los sacerdotes, los profetas y todo el pueblo» (26.7), enfurecidos contra Jeremías, le prenden y rápidamente le sentencian a muerte. Entonces llegan al lugar «los príncipes de Judá» (26.10) —autoridades civiles a cargo de la magistratura— y se da inicio a un juicio contra el profeta, comenzando por la presentación de los cargos en su contra: «¡Este hombre ha incurrido en pena de muerte, porque ha profetizado contra esta ciudad...!» (26.11). El fondo de la acusación es que un mensaje de tal contenido no puede ser verdadero, y por lo tanto Jeremías no ha sido enviado por Dios, sino que está blasfemando y merece la pena capital.

Jeremías se defiende del delito que se le imputa (26.12-15). Se declara un auténtico profeta porque «Jehová me envió a profetizar» (26.12). Y aunque a esta gente pueda parecerle imposible, el Señor le ha encomendado predicar «contra esta casa» —es decir, contra el sistema del templo— y «contra esta ciudad...» (26.12). Sobre esta base confiesa su inocencia, y les advierte que si le matan, van a cargar con la culpa de su injusticia. Su testimonio es tan impactante que «los príncipes de Judá» le absuelven de los cargos en su contra y proclaman públicamente que el profeta «en el nombre de Jehová, nuestro Dios, nos ha hablado» (26.16).

Conocido el veredicto, aparecen en escena «los ancianos del país» (26.17) —un término que parece designar al liderazgo que no formaba parte de la aristocracia urbana. Su participación respalda la decisión de «los príncipes», citando un precedente histórico (26.18-20). Un siglo atrás hubo un profeta llamado Miqueas de Moreset (Mi 1.1) que, al igual que Jeremías, también anunció un mensaje contra Jerusalén y contra el templo (Mi 3.12), solo que aquél recibió una respuesta diferente. Ezequías —el rey de entonces— y toda la gente de Judá creyeron en su palabra, se volvieron al Señor, y Dios les libró del mal. Con este ejemplo «los ancianos del país» confrontan al liderazgo comprometido con la ideología dominante, demostrándole que una profecía contra Jerusalén y contra el templo puede ser auténtica. Las preguntas retóricas que formulan son tanto una abierta advertencia contra dar muerte a Jeremías como un velado llamamiento a obedecer el mensaje del profeta (26.19).

Aunque en este episodio Jeremías consigue preservar su vida, de manera alguna ha cesado el riesgo para él. El peligro que enfrenta queda ejemplificado en la historia de uno de sus consiervos, Urías hijo de Semaías, de Quiriat-jearim (26.20-24). Contemporáneo de Jeremías, este hombre también predica contra la ideología dominante y también se le sentencia a muerte, pero a diferencia del anatotita, Urías se atemoriza y busca refugio en territorio egipcio. Una misión encomendada por el rey Joacim consigue su extradición y, traído Urías a Jerusalén, el propio monarca le quita le vida. Si Jeremías no ha encontrado aún este final es porque Dios le protege por medio de un ciudadano influyente, Ahicam hijo de Safán (26.20), miembro de una familia comprometida con los ideales de la reforma de Josías (2 R 22.3-17) —familia en la que algunos otros parecen también simpatizar con el profeta (29.3; 36.10-13; 39.14; 40.5-16).

Este capítulo permite hacer algunas reflexiones sobre lo que un ministerio auténtico conlleva. Por un lado surge la cuestión del costo del discipulado. Los tres hombres mencionados en el texto fueron fieles a Dios y a su palabra, y por ello los tres enfrentaron peligro de muerte. Dos de ellos fueron librados, pero Urías fue asesinado por la espada de un rey impío. El propio Jesús dijo: «Si alguno viene a mi, y no aborrece... hasta su propia vida, no puede ser mi discípulo» (Lc 14.26). Por otra parte esta narración muestra que el «éxito» ministerial no puede evaluarse con parámetros humanos. Los tres profetas del relato tuvieron diferentes suertes. Sólo Miqueas experimentó el resultado «victorioso» de su labor. Urías murió antes de ver cumplirse sus profecías, y Jeremías presenció la catástrofe del castigo divino sobre Judá sin conseguir ver en vida el impacto de su mensaje en la reconstrucción de la fe judaica. Sin embargo, bien puede decirse que los tres forman parte de la larga lista de héroes y heroínas de la fe, donde se encuentran tanto quienes «alcanzaron promesas» (He 11.33), como quienes «fueron apedreados, aserrados, puestos a prueba, muertos a filo de espada... pobres, angustiados, maltratados... ninguno de ellos, aunque alcanzaron buen testimonio mediante la fe, recibió lo prometido, porque Dios tenía reservado algo mejor...» (He 11.37-40).

La señal de los yugos (27.1–28.17)

Los capítulos 27 y 28 forman una unidad que se divide en dos partes. La primera de ellas contiene «la señal de los yugos» junto con la profecía que se desprende de la misma (27.1-22). La segunda parte relata la disputa que se produce entre Jeremías y Hananías por causa de aquel mensaje (28.1-17).

Estos eventos transcurren durante el inicio del reinado de Sedequías (28.1), poco tiempo después de ocurrida la primera deportación (597 a. C.). (Es probable que 27.1 sea una repetición involuntaria de 26.1, pero por todo el contexto no hay dudas de que la fecha correcta es la de 28.1). Con ella la ideología dominante sufrió un duro embate, aunque sus partidarios y promotores no están dispuestos a descartarla aún. Su manera de mantener viva su creencia pasa ahora por la interpretación del futuro de los cautivos. Profetizan un exilio muy breve, después del cual Babilonia sería quebrantada, los prisioneros regresarían y Joaquín sería reinstalado en el trono de Judá.

Este es el trasfondo en el que suceden los hechos narrados en estos capítulos. La primera parte comienza con la orden divina a Jeremías de realizar una acción simbólica —un acto que tiene como fin dramatizar un sermón para causar mayor impacto en su audiencia. En esta oportunidad debe colocar en su cuello «yugos» —maderas y cuerdas usadas para ejercer dominio sobre los bueyes (27.2)— y luego enviarlos a los reyes de las naciones vecinas a Judá con un mensaje de parte de Yahvé. Los «yugos» son una señal del poderío caldeo sobre todos aquellos territorios.

Jeremías y Lamentaciones

Como las bestias sirven a sus amos, así estos pueblos deberán rendirse ante Babilonia. Los que no lo hagan, sufrirán los males que más temen: «espada», «hambre» y «peste» (27.8). Con estos dichos Jeremías desafía a la ideología dominante. No solo anuncia la supremacía babilónica, sino que declara que Yahvé mismo es quien se la otorga. «Y ahora yo he puesto todas estas tierras en manos de Nabucodonosor, rey de Babilonia, mi siervo...» (27.6). (Con respecto a la referencia a Nabucodonosor como «siervo» de Dios véase 25.9). Pero tal hegemonía no será perpetua. Esta concesión tiene como fin ejercer, por su intermedio, juicio sobre las naciones. Cuando este propósito se cumpla, Babilonia también será castigada (27.7).

La profecía continúa ahora teniendo como destinatario, primero, a Sedequías (27.12-14) y luego, al liderazgo y al pueblo de Judá (27.16-22), todos los cuales tienen en común el sostener la ideología dominante. En ambos casos Jeremías reitera lo dicho anteriormente. El «yugo» caldeo es en realidad el «yugo» de Yahvé. Por lo tanto, lo que deben hacer es someterse a Babilonia y de ese modo aceptar el designio del Señor. Si no lo hacen, morirán a «espada, de hambre y de peste» (27.13).

Esta primera parte termina con una confrontación con los restantes profetas de Judá. Jeremías les denuncia por impostores. No son enviados de Dios y sus palabras son mentirosas. Igualmente falsos son sus mensajes sobre los utensilios sagrados. En su primera incursión en Jerusalén, Nabucodonosor se había llevado a su tierra algunos tesoros que formaban parte de los objetos litúrgicos del templo, además de ciertos tesoros reales (2 R 24.13). Ahora estos agoreros anunciaban su pronto retorno al templo, como parte de su proclama de un cautiverio babilónico breve y del inminente regreso de los exiliados. Pero eso no ocurriría. Por el contrario, todavía les espera un saqueo mayor de los elementos del templo, y una estadía en Babilonia que se prolongará «hasta el día en que yo los visite, dice Jehová» (27.22) Solo después de cumplido su propósito en aquella comunidad, Dios les repatriará y les restaurará.

La segunda parte del relato cuenta la controversia que se suscita entre Jeremías y Hananías como consecuencia del mensaje de los «yugos». Este episodio se produce en 594-593 a. C. (28.1). Probablemente ha transcurrido poco tiempo de aquella profecía, ya que el anantotita aún lleva el «yugo» en el cuello (28.10). No se sabe mucho sobre la persona

Mensajes contra la ideología dominante

de Hananías, ya que solamente se le menciona en este capítulo, pero su nombre y su procedencia parecen tener significados simbólicos. Proviene de la tierra de Gabaón —pueblo conocido por sus engaños en la historia de Israel (Jos 9.1-15), y su mote significa «Yahvé ha tenido gracia». Uniendo estas dos referencias y a la luz de la presente narración, se puede decir que se trata de un falso profeta, comprometido con la ideología dominante, a partir de la cual sostiene que «en su gracia» Dios libertará muy pronto a los cautivos. Valiéndose de la misma imagen que estaba usando Jeremías, declara formalmente en el templo que el Señor quebrantará el yugo babilónico, y que dentro de dos años los utensilios del templo serán devueltos, regresarán los exiliados y Joaquín retornará al trono (28.2-4).

Jeremías responde a Hananías en el mismo sitio y ante el mismo auditorio. Su respuesta tiene tres partes. La primera de ellas sorprende al oírle decir: «¡Amén, así lo haga Jehová! Confirme Jehová tus palabras...» (28.6). Hay quienes creen que se trata de un dicho irónico y que debe «escucharse» en tono de burla. Otra opinión sostiene que Jeremías está expresando un deseo genuino de que las cosas sucedan como Hananías anuncia, aun cuando en el fondo sabe que no ocurrirán así. La segunda respuesta es más confrontantiva y ahora apela a la tradición del auténtico profetismo israelita. Es su mensaje, y no el de Hananías, el que está alineado con el de sus predecesores. Y en último lugar Jeremías le hace un abierto desafío apelando a las enseñanzas deuteronómicas (Dt 18.19-22). Si Hananías es un verdadero profeta, su mensaje de paz —*shalom*— deberá cumplirse. El tiempo dirá cuál de ambos es el genuino portavoz de Dios.

La disputa se pone más tensa aun cuando Hananías se aproxima a Jeremías, quita el «yugo» que este lleva en su cuello, y lo rompe, reiterando —ante el mismo auditorio que atestigua la controversia— los dichos que ya había declarado (28.2-4, 10–11). Ante tal provocación, Jeremías resuelve dejar la escena sin emitir palabra. Sin embargo, poco después de estos hechos, el Señor le da una nueva orden. Debe buscar a Hananías y darle dos mensajes. El primero de ellos es de índole político-religiosa (28.13-14). Aunque la ideología dominante no pueda aceptarlo, Yahvé ha puesto a Nabucodonosor por autoridad sobre las naciones, y su «yugo» será tan inquebrantable como lo es un «yugo de hierro». El segundo de ellos es de corte personal (28.15-16). Hananías es culpable de profetizar falsamente. Los fundamentos de esta declaración son los mismos que ya se han mencionado en el oráculo contra los profetas impostores (23.21-22): no ha sido enviado por Dios, y con sus dichos ha hecho que el pueblo confíe en mentiras. Por este motivo recibirá el castigo estipulado por la ley deuteronómica: «El profeta que tenga la presunción de pronunciar en mi nombre una palabra que yo no le haya mandado pronunciar... ese profeta morirá» (Dt 18.20). Dos meses después de este anuncio, Hananías murió, conforme a lo profetizado por Jeremías cuando le dijo: «en este año morirás» (28.17).

Correspondencia con los exiliados (29.1-32)

Este capítulo cierra la sección de las polémicas contra la ideología dominante, y al mismo tiempo actúa como una bisagra hacia el próximo bloque —mayormente conocido como «el libro de la consolación» (capítulos 30—33). Por ello es un texto que mantiene el espíritu confrontativo de Jeremías, pero al mismo tiempo incluye palabras de esperanza, y revela una faceta más pastoral del anatotita.

La correspondencia con los exiliados no tiene una fecha cierta, aunque su contenido permite inferir que corresponde al período posterior a la primera deportación, y al parecer poco después de un intento fallido de rebelión contra Babilonia (ap. 595-594 a. C.), en el que participaron algunos de los cautivos (29.1, 21—22). El texto presenta dos divisiones naturales, que parecen pertenecer a dos cartas diferentes.

La primera de ellas es la que recoge el mensaje de Jeremías al liderazgo y al pueblo judío en el exilio (29.1-23). Comienza introduciendo a su escritor, sus destinatarios, y el nombre de sus portadores (29.1-2). Al parecer Sedequías tiene que enviar algún informe a Nabucodonosor, y Jeremías aprovecha la ocasión para enviar su carta por medio de los emisarios reales, simpatizantes del anatotita. «La referencia a «los ancianos que habían quedado de los que fueron deportados» (29.1) podría significar que parte de ese liderazgo ha muerto por participar en el frustrado complot contra Babilonia.

Esta epístola contiene tres tipos de materiales diferentes: consejos (29.5-7), juicios y advertencias (29.8-9, 15—23), y promesas (29.10-14). Sin dudas los consejos son lo más sorprendente de este escrito. Los primeros responden a la errónea ideología dominante, según la

Mensajes contra la ideología dominante

cual el exilio va a durar solo dos años, pero esto no sucederá así. Les espera un período mucho más extenso allí: 70 años (29.10). Por ello, deben establecerse en Babilonia, llevar allí una vida lo más normal posible y, fundamentalmente, mantener y hacer crecer el tamaño de la comunidad. (29.5-6). El último consejo es más transgresor y parece vinculado al complot contra los caldeos. Se les llama a orar y a procurar la «paz» —*shalom*— de la tierra de su cautiverio (29.7). Si continúan involucrándose en revueltas van a ser exterminados. Solo contribuyendo a la «paz» de Babilonia podrán sobrevivir en «paz».

Los juicios y las advertencias ocupan la mayor extensión de la epístola (29.8-9, 15-23). El texto revela que dentro del grupo de cautivos hay quienes profetizan, y queda implícito que sus mensajes responden a la ideología dominante, y por lo tanto son falsos y no debe hacérseles caso alguno (29.8-9). De igual modo son mentirosas las interpretaciones que sostienen que el favor de Yahvé está con quienes quedaron en Jerusalén (véase el comentario al capítulo 24), y lejos de los cautivos. Los líderes y la gente que está en Judá son «como los higos malos, que de tan malos no se pueden comer» (29.17; 24, 2, 8-10). Por no haber «escuchado» (29.19; véase también 7.21-28) al Señor ni a sus mensajeros, serán castigados «con espada, con hambre y con peste» y serán puestos por «horror de todos los reinos de la tierra, objeto de aversión, de espanto, de burla y de afrenta ante todas las naciones entre las cuales los he arrojado» (29.18).

Luego Jeremías escribe refiriéndose a dos personas en concreto, Acab hijo de Colaías y Sedequías hijo de Maasías (29.21), que ejercen el oficio profético entre la comunidad cautiva. Sus palabras son de juicio contra ellos, que son culpables tanto de profetizar falsamente en nombre del Señor como de comportarse inmoralmente, dos marcas que caracterizan a los impostores (23.10-15). Como tales, y al igual que Hananías (28.15-17), merecen la muerte, y la encontrarán nada menos que en manos del propio Nabucodonosor —contra el cual, se supone, intentaron rebelarse.

La carta de Jeremías a los exiliados también contiene promesas (29.10-14). La primera de ellas es que el cautiverio tendrá fin. No tan pronto como anuncian los falsos profetas, pero en setenta años Dios les regresará a su tierra (29.10). La segunda de ellas es que en aquel tiempo experimentarán su «*shalom*». «Porque yo sé los pensamientos que tengo acerca de vosotros, dice Jehová, pensamientos de paz y no de mal, para daros el fin que esperáis» (29.11). Como ya se ha mencionado (véase comentario a 24.1-10) muchos consideran a la comunidad exiliada como el grupo castigado y abandonado por Yahvé. En este contexto el mensaje de Jeremías tiene profundas consecuencias. El exilio no tiene como fin la aniquilación del pueblo, sino su purificación y reconsagración. Su historia tendrá un final feliz, cuando el remanente experimentará la paz y el bienestar —el *shalom*— de Dios.

La tercera promesa es que el Señor les volverá a «escuchar» —una señal de la restauración del pacto— cuando le invoquen, porque lo harán de todo su corazón (29.12-13; véase también 11.11, 14). La cuarta y última reitera, de la primera, la promesa de retornarlos a la tierra, y agrega el concepto de reunificación del pueblo judío en la diáspora (29.14).

La segunda carta trata sobre el conflicto entre Jeremías y Semaías (29.24-32). Semaías es otro de los profetas que se encuentra entre la comunidad cautiva. El texto narra su respuesta ante la primera epístola del anatotita. Indignado con su contenido —abiertamente opuesto a la ideología dominante— le escribe a Sofonías hijo de Maasías con copia a los sacerdotes y al pueblo de Jerusalén. Sofonías es el oficial a cargo de la seguridad y el orden en el templo —antes de él lo fue Joiada, y antes de este, Pasur (20.1-6). En su carta, le reclama que, en cumplimiento de sus deberes, reprima a Jeremías, a quien trata de «loco» (29.26). ¡Ciertamente, para toda esta gente comprometida con la teología del templo y del rey, el anatotita había perdido la razón! Cuando Sofonías recibe la misiva, no se amedrenta ni da curso a su pedido, sino que se la lee a Jeremías —con quien parece simpatizar. La respuesta divina no se hace esperar. Se condena a Semaías por ser un falso profeta. Su castigo será que nunca en su vida logrará ver «el bien» que el Señor hará por su pueblo, ni tendrá descendientes que disfruten del «*shalom*» de Dios en el día de la futura restauración.

Capítulo 6
Mensajes de consolación (Jer 30.1–33.26)

Cuando Dios llamó a Jeremías al ministerio profético le comisionó «para arrancar y destruir, para arruinar y derribar, para edificar y plantar» (1.10). Sin pretender establecer proporciones matemáticas a partir de estos verbos, es innegable que los más de ellos tienen una connotación negativa, y esto corresponde con el contenido de la mayoría de sus mensajes. No obstante, Jeremías también es un profeta de restauración. La sección que aquí comienza contiene algunos de los pasajes más bellos de esta obra, y sus palabras de esperanza la han valido el nombre de «El libro de la consolación».

Existe un agitado debate en torno a las fechas y contextos de estos mensajes. Buena parte de la comunidad académica cree que los primeros capítulos (30.1–31.22) son mensajes predicados por Jeremías al comienzo de su ministerio, y que en principio están dirigidos a la población deportada de Israel (Reino del Norte) por el Imperio Asirio, y que luego se amplían para referirse también a Judá. Se discute si Jeremías mismo hace esta inclusión en un período más tardío de su ministerio, o si la misma se debe a un proceso editorial posexílico. Lo que es indudable es que, pese al tono predominantemente pesimista de su obra, Jeremías cree en la futura restauración del pueblo de Dios, y esas esperanzas están plasmadas, en su mayoría, en «El libro de la consolación».

Preámbulo (30.1-3)

Estos versículos forman el prólogo de toda esta sección. En él se especifica el mandato divino a Jeremías de escribir esta serie de mensajes (30.2). Los próximos capítulos son parte de un libro que tiene un propósito definido: anunciar a la población cautiva de Israel y de Judá que Yahvé les hará regresar del exilio. Nótese que si bien no hay una indicación del tiempo en el que se producirá la restauración, sí hay una especificación en cuanto a su naturaleza. El tema central de la esperanza es su devolución a la tierra prometida, una señal clave del restablecimiento del pacto deuteronómico.

Consuelo de la angustia (30.4-11)

El eje sobre el cual gira esta breve porción es el tema de la «angustia» (30.7). A partir de él se identifican dos partes en el texto. La primera de ellas describe la naturaleza de la angustia (30.4-7), y la segunda anticipa la liberación de esa angustia (30.8-11).

El primer segmento de esta pieza presenta un tono de alto dramatismo. «Jacob» (30.7) —que aquí representa a las doce tribus Israel (30.4)— está en gran sufrimiento, descrito por medio de tres expresiones y de una metáfora. Lo que el pueblo experimenta es terror, espanto y una total ausencia de paz (*shalom*). Su angustia se representa con la imagen paradójica de varones con dolores de parto (30.6) —figura que combina la idea del dolor y vulnerabilidad de la parturienta (4.31; 6.24; 22.23)— con la humillación que implica en la cultura del antiguo medio-oriente afeminar a los hombres.

«Es un tiempo de angustia para Jacob, pero de ella será librado» (30.7), declara el profeta. Su rescate implica la intervención de la soberanía de Dios sobre las naciones a favor de la libertad de su pueblo —nótese que vuelve a usarse el símbolo del «yugo», solo que ahora se le presenta quebrado por el Señor— y la restauración del pacto deuteronómico a través del retorno a la tierra (30.10) y del reestablecimiento de la dinastía davídica (30.9). Yahvé promete intervenir en la liberación del pueblo, aun cuando esta no será inminente, como sostiene la ideología dominante (véase comentario a 27.22), sino que procederá una vez que Israel y Judá hayan pasado por el proceso de la justicia divina.

Mensajes de consolación

Este breve pasaje trata la cuestión de la angustia que sobreviene a las hijas e hijos de Dios como consecuencia de su desobediencia, e implícitamente anticipa la idea de su función como instrumento de purificación de la fe. Muchos siglos después el apóstol Pablo retoma este concepto en relación al sufrimiento que experimenta la comunidad corintia, diciendo: «Ahora me gozo, no porque hayáis sido entristecidos, sino porque fuisteis entristecidos para arrepentimiento, porque habéis sido entristecidos según Dios, para que ninguna pérdida padecierais por nuestra parte. La tristeza que es según Dios produce arrepentimiento para salvación, de lo cual no hay que arrepentirse; pero la tristeza del mundo produce muerte» (2 Cor 7.9-10).

Promesas de sanidad (30.12-17)

Las palabras de consuelo para Israel y Judá continúan ahora mediante el uso de la imagen de la curación de las heridas. La estructura de este mensaje es paralela a la del anterior. Tiene una primera parte en la que se describe la naturaleza del sufrimiento (30.12-15), y una segunda en la que se anticipa la sanidad (30.16-17).

El bloque inicial se encuentra enmarcado con la misma idea: «Incurable es tu quebrantamiento» (30.12)… «Incurable es tu dolor» (30.15). Jeremías ya ha usado la figura de la enfermedad para referirse al pecado que acarrea un desenlace mortal (8.18–9.3). Aquí el énfasis se centra en la experiencia de un padecimiento que se prolonga sin fin. «Dolorosa es tu llaga… no hay para ti medicina eficaz» (30.12-13), dice el profeta. Todo este quebranto tiene su origen en los muchos pecados de Judá que hicieron de Yahvé un «enemigo» que lastima y un «adversario» que azota (30.14).

Las heridas incurables son el resultado de la intervención divina en castigo por su maldad, pero finalmente ocurrirá el milagro de la sanidad. Esta imagen presenta dos facetas de Dios. Por un lado, muestra el poder que tiene el Señor para transformar lo «incurable» en «curable»; en Dios siempre existe la posibilidad de transformación, aun en circunstancias que humanamente se perciben como definitivas. Por otra parte, manifiesta una perspectiva paradójica en la que Dios aflige y al mismo tiempo sana. Esta idea tiene un paralelo interesante en Job 5.18, donde dice: «Porque él es quien hace la herida, pero él la venda; él golpea, pero sus manos curan».

La descripción de la sanidad de Israel y de Judá también se presenta de una manera dual (30.16-17). En un sentido, el Señor promete su restauración en una manifestación de su compasión ante la soledad y la humillación que Israel y Judá soportan (30.17). Y en el otro, Yahvé completará la curación de estas naciones mediante un acto de su justicia contra sus enemigos. Jeremías ya ha señalado en varias oportunidades (10.23-25; 25.1-38) que los opresores no resultan victoriosos por ser mejores, sino tan solo por haber sido elegidos por Dios como sus agentes de juicio, pero que finalmente ellos también recibirán su condena. Aquí se especifica la índole de su punición. Sufrirán en carne propia las mismas heridas que inflingieron a la gente de Israel y a la de Judá (30.16).

La restauración de «Jacob» (30.18–31.1)

Consolados de su angustia (30.4-11) y sanados de sus heridas (30.12-17), Judá e Israel volverán a ser «pueblo de Dios». Este es el tema central de los próximos versículos, que tienen sus raíces en el pacto deuteronómico. En este se establecen las bendiciones de la obediencia, que se resumen en esta declaración: «Te confirmará Jehová como su pueblo santo, como te lo ha jurado, si guardas los mandamientos de Jehová, tu Dios, y sigues sus caminos» (Dt 28.9). La restauración de «Jacob» no es otra cosa sino la vuelta al pacto del Sinaí, y la renovación de la promesa de hacer de este el país sobre el que se invoca el nombre de Yahvé (Dt 28.10).

En plena consonancia con la tradición deuteronómica, esta profecía enumera una serie de bendiciones que el Señor restablecerá sobre Judá e Israel, entre las cuales sobresale una, que se declara tres veces y que, a su vez, cierra un bloque de tres promesas: su restauración como pueblo de Dios (30.20, 22; 31.1). (Nótese su semejanza con Dt 28.9, y recuérdese que, en el texto bíblico, la repetición en tres oportunidades del mismo dicho divino es un recurso utilizado para reforzar su autoridad). La estructura de este oráculo puede bosquejarse así:

Mensajes de consolación

[1] La restitución de la tierra (30.18)
[2] La restauración de la prosperidad (30.19)
   [3] *La restauración de Judá e Israel como pueblo de Dios (30.20)*
[4] El castigo de sus enemigos (30.20)
   [5] La restauración de un liderazgo conforme a Dios (30.21)
      [6] *La restauración de Judá e Israel como pueblo de Dios (30.22)*
[7] El juicio de sus opresores (30.23-24)
   [8] Una nueva comprensión de los propósitos de Dios (30.24)
      [9] *La restauración de Judá e Israel como pueblo de Dios (31.1)*

El primer bloque de tres bendiciones para Judá e Israel comienza con la promesa de la restitución de la tierra —un símbolo clave del pacto entre Dios y Abraham y sus descendientes. La gente regresará del cautiverio a Canaan, y conseguirán reedificar Jerusalén y «el palacio» (30.18) —expresión que puede significar tanto la morada real como el templo. La segunda anticipa prosperidad (30.19). Así como durante el cautiverio sufren de angustia y enfermedad, en el tiempo de su restauración experimentarán gratitud y regocijo, y así como se han visto diezmados por la espada, así el Señor volverá a aumentarles y multiplicarles. Verán en sus vidas el cumplimiento de la promesa que dice: «Jehová te hará sobreabundar en bienes, en el fruto de tu vientre, en el fruto de tu bestia y en el fruto de tu tierra, en el país que Jehová juró a tus padres que te había de dar» (Dt 28.11) La tercera resume la esencia del pacto: «Serán sus hijos como antes, y su congregación delante de mí será confirmada» (30.20).

El segundo bloque de tres bendiciones empieza con la que se refiere al castigo de sus opresores (30.20). Esta también reitera una promesa del pacto: «Jehová derrotará a los enemigos que se levanten contra ti» (Dt 28.7). La segunda bendición de este segmento —quinta de la sección— alude al restablecimiento de un liderazgo conforme a Dios (30.21). Hay quienes creen ver aquí indicios de la restauración de la monarquía davídica, aunque una lectura apegada del texto hace difícil esta interpretación. Jeremías no menciona la palabra rey, y el tipo de liderazgo que se describe parece más religioso que político. Este segundo bloque culmina con la reiteración de lo dicho al final del anterior, que representa el concepto fundamental de este pasaje y de la relación pactual: «Entonces vosotros seréis mi pueblo y yo seré vuestro Dios» (30.22).

El tercer y último bloque presenta una nueva tríada que comienza con una bendición muy semejante a la enunciada en Jeremías 30.20, aunque aquí se profetiza la concretización inminente del juicio sobre los enemigos de Judá y de Israel (30.22-23). La próxima bendición anticipa que el pueblo tendrá una nueva comprensión de Dios y de su obrar en la historia: «¡Al final de los días entenderéis esto!» (30.23). La restauración de «Jacob» requerirá un proceso de reelaboración teológica y de reconstrucción de la fe de esta comunidad —experiencia que de hecho queda atestiguada en los escritos posexílicos. Este listado de bendiciones se cierra con una última promesa que reitera por tercera vez el núcleo del pacto deuteronómico: «En aquel tiempo, dice Jehová, yo seré el Dios de todas las familias de Israel y ellas serán mi pueblo» (31.1).

«Con amor eterno te he amado...» (31.2-6)

Uno de los problemas más frecuentes que las personas creyentes experimentan cuando pasan por tiempos de sufrimiento son las dudas en cuanto al amor de Dios. En aquellos casos en que las crisis sobrevienen como consecuencia del pecado, hay quienes piensan que Dios les ha abandonado «merecidamente», o que tal vez les haya dejado de amar. Este es un razonamiento muy humano, y probablemente sea muy común entre la gente de Israel y de Judá que está viviendo la deportación y el cautiverio en Asiria y en Babilonia. Este breve poema (3.2-6) contiene una palabra de consuelo sobre la naturaleza del amor de Dios hacia estas comunidades.

El texto comienza con una referencia a otro período doloroso que Israel había vivido en el pasado, como lo fue su esclavitud en Egipto. Jeremías les recuerda su rescate y enfatiza el hecho de que este pueblo «halló gracia en el desierto» (31.2). Este dicho es de suma importancia ya que anticipa el tema central de esta perícopa. Además de ser poderoso para librar, Yahvé actúa en favor de su pueblo por puro amor, más allá de cualquier mérito humano. «Con amor eterno te he amado; por eso, te prolongué mi misericordia» (31.3).

Mensajes de consolación

El amor de Dios «nunca deja de ser» (1 Co 13.8). Y «si somos infieles, él permanece fiel, porque no puede negarse a sí mismo» (2 Ti 2.13). Estas ideas neotestamentarias están presentes en esta porción. El hecho de que ahora el pueblo esté sufriendo las consecuencias de su desobediencia no significa que el Señor les haya dejado de amar. Por el contrario, Dios está dispuesto a atraerles junto a sí por su infinita misericordia, que se manifestará en acciones concretas. Todos los aspectos de la vida serán renovados. La comunidad será reedificada. Volverán la alegría y la prosperidad (30.4-5). Y llegará el día en el que «los guardas en los montes de Efraín» (30.6) —los encargados de cuidar las fronteras entre Israel y Judá— convocarán a la nación unificada a adorar nuevamente en Jerusalén (30.6).

El consuelo de «volver» (31.7-14)

El amor eterno de Dios y su misericordia hacen posible una nueva oportunidad para su pueblo. Cuando parece que se acaba la esperanza y que se acerca el fin, el Señor declara un nuevo comienzo. Dios les consolará haciéndoles «volver» (31.8, 9).

El texto comienza desafiando a Israel a realizar cinco acciones como señal de esa novedad de vida que Yahvé trae sobre su pueblo: «Regocijaos... dad voces de júbilo... haced oír... alabad... y decid» (31.7). El ánimo de la comunidad debe cambiar de la tristeza al gozo, porque experimentarán la «salvación» (31.7) de Dios. Su futuro será diferente porque Dios mismo les hará «volver» (31.8). Así como antes les afligió, será la intervención divina —su salvación— la que permitirá que cambie su suerte (31.10).

Jeremías continúa enunciando lo que este «volver» conlleva. En primer lugar, se refiere a una restauración muy concreta de sus circunstancias. El Señor les hará «volver de la tierra del norte» —expresión que se aplica tanto para la cautividad israelita en Asiria como a la de la comunidad judía en Babilonia. Y aunque que se sientan tan débiles e indefensos como «ciegos... cojos... mujer que está encinta... y [mujer] que dio a luz» y crean que su rescate es imposible, con todo Yahvé les sacará de allí y les traerá nuevamente a la tierra de la promesa. En segundo lugar, se enfatiza cómo será su regreso. Experimentarán un contraste total con su partida. Así como salieron llenos de amargura, retornarán por la «misericordia» de Dios. La idea se refuerza con el uso de dos imágenes muy próximas al corazón de Israel. Serán guiados por el Señor con el mismo cuidado que un pastor tiene para con sus ovejas; y más aun, con la dedicación que un padre tiene para con su primogénito (31.9-10). Y en tercer y último lugar, se anuncia el propósito de su regreso. Dios les consolará haciéndoles «volver» y el pueblo «volverá» para ser consolado. De nuevo en casa, disfrutarán de tiempos de prosperidad material, y sus emociones serán sanadas. «Su vida será como un huerto de riego y nunca más tendrán dolor alguno... cambiaré su llanto en gozo, los consolaré y los alegraré de su dolor» (31.12-13). Y por sobre todas las cosas, su espiritualidad será renovada. Sus sacrificios y ofrendas a Yahvé serán tan generosos que quienes sirven en la casa de Dios se verán saciados (31.14).

Este breve oráculo tiene la profundad de enseñarnos que sólo Dios es fuente de «salvación» y que en su «misericordia» transforma por completo la vida quienes le tienen por Pastor y le confiesan como Padre.

Consuelo para «Raquel» (31.15-22)

Aquí comienza una nueva profecía sobre la que hay un consenso mayoritario en interpretarla como un mensaje dirigido a Israel. Los nombres que se utilizan en estos versículos están vinculados con el Reino del Norte: Raquel (31.16), madre biológica de José y de Benjamín, y metafóricamente, de la descendencia israelita; Ramá (31.16), territorio benjaminita, en la frontera entre Judá e Israel y, según la tradición, cercano al sepulcro de Raquel (1 S 10.2); y Efraín (31.18), el nombre del primogénito de José, que suele designar simbólicamente a las diez tribus del norte.

Este pasaje presenta cinco partes diferentes, con una estructura paralela entre los dos primeros pares, y un final en la quinta y última, según el siguiente esquema:

[1] La situación de «Raquel» (31.15)
    [2] Mensaje de Dios para «Raquel» (31.16-17)
[3] La situación de «Efraín» (31.18-19)
    [4] Mensaje de Dios para «Efraín» (31.20)
        [5] Mensaje de Dios para «la virgen de Israel» (31.21-22)

Mensajes de consolación

El texto comienza con la descripción de la situación de «Raquel» (31.15). Toda la imagen de este versículo apela a la figura de esta «madre» de Israel que pareciera levantarse de su sepulcro en llanto desgarrador por el destino de sus descendientes. «Rehúsa ser consolada porque sus hijos *ya no existen*» (31.15, BA). Esta expresión no solo se refiere a que ha habido muchas muertes, sino que primordialmente apunta a la desintegración que sufre la comunidad israelita, arrancada de su lugar y dispersada en territorio de sus enemigos. Sin embargo, Dios tiene un mensaje de esperanza para «Raquel» (31.16-17). Su trabajo como «madre» no ha sido en vano. Los que «ya no existen» volverán a existir. Regresarán a su tierra, donde el Señor les restaurará.

El oráculo vuelve a describir la situación de Israel, en esta oportunidad, personificada como «Efraín» (31.18-19). En el fragmento anterior se enfatizaba su disgregación; ahora, el foco está puesto en su estado de arrepentimiento tras la experiencia del castigo. Hay una súplica por su conversión y una metáfora muy interesante sobre el tratamiento de la culpa. «Efraín» está dispuesto a llevar en su cuerpo la marca de su humillación (31.19). Una vez más la respuesta divina está llena de consuelo (31.20). La figura que aquí se emplea es la de la relación filial, y el texto apela profundamente a la dimensión emotiva de la reconciliación. Dios ama a «Efraín» como un padre a un hijo: nunca se ha olvidado de él y, en su misericordia, está dispuesto a perdonarle.

Esta profecía culmina con un mensaje de Yahvé a la «virgen de Israel» (31.21-22). La imagen que se utiliza en estos versos es más compleja que las anteriores. Por un lado, se refiere a Israel como a una «virgen» —lo que parece llevar implícita la idea de una doncella a la que Dios está dispuesto a volver a tomar en matrimonio (31.21), y por otro lado, se le compara con una «hija rebelde», retomando la metáfora de la relación filial (31.22). Lo que ambas figuras tienen en común —además del género, que denota cierto sexismo— es su situación errante y la necesidad de «volver» al camino del Señor. El párrafo termina con una expresión poco clara: «porque Jehová ha creado una cosa nueva sobre la tierra: ¡la mujer cortejará al varón!» (31.22). En el contexto, esa frase parece indicar que la restauración de Israel será de una naturaleza novedosa y sorprendente. También podría indicar que así como esta «virgen» e «hija» algún día se alejó de Dios, vendrá el momento en que «ella» rodeará con sus brazos al Señor.

En sintonía con las anteriores, esta profecía también tiene como fin transmitir un mensaje de consuelo y esperanza. Su nota distintiva se encuentra en la manera de enfatizar que la reconstrucción de la comunidad está estrechamente ligada al arrepentimiento y la restauración de su relación con Dios. Esta concepción es fundamental en la teología del Nuevo Testamento, donde, por ejemplo, la fe en el Hijo inaugura el vínculo filial con el Padre (Jn 1.12-13), y la obra de Cristo se entiende en términos de «reconciliación» (2 Co 5.18).

«Satisfaré el alma cansada» (31.23-26)

La palabra profética se dirige ahora a Judá (el Reino de Sur) para darle también un mensaje de consuelo. El prólogo de esta brevísima porción es en sí una declaración de esperanza. Primero, porque quien habla es «Jehová de los ejércitos, Dios de Israel» (31.23), el Todopoderoso, quien cumple sus promesas, y es verdadero y diferente a todas las falsas deidades extranjeras. Y en segundo lugar, porque ese Dios es quien traerá de regreso al pueblo de su cautiverio. Esa esperanza se acrecienta con el uso de una corta fórmula de bendición que, según el texto, volverá a pronunciarse entre la gente que regrese a la tierra de Judá: «¡Jehová te bendiga, morada de justicia, monte santo!» (31.23). Esta frase alude a la restauración de una comunidad que volverá a disfrutar de una vida de justicia y santidad porque Dios mismo habitará nuevamente en medio de ella, y de una prosperidad integral que alcanzará a todas las personas que allí habiten.

El oráculo termina con una frase un tanto oscura: «En esto, me desperté y miré, y mi sueño me fue agradable» (31.26). Considerando su relación con el contexto podría decirse que este «sueño» es equivalente a una visión y que debe interpretarse como el medio de revelación con el que Dios habló a Jeremías. Como su contenido abunda en términos de consolación, el profeta experimenta la complacencia de un mensaje que coincide con el anhelo de su corazón.

El nuevo pacto (31.27-40)

La siguiente sección contiene una serie de oráculos breves que giran en torno al núcleo de esta pieza, que trata del establecimiento de un «nuevo pacto» entre Dios (31.31) y Judá e Israel. Curiosamente esta es la única vez en todo el Antiguo Testamento en que se usa este concepto, que más tarde será retomado por Jesús para referirse al «nuevo pacto» en su sangre (Lc 22.20; 1 Co 11.25). Por su parte, los capítulos 8 y 9 de la Epístola a los Hebreos contienen una interpretación cristiana muy interesante sobre el «nuevo pacto», tomando como base varios versículos de esta profecía de Jeremías (31.31-34).

El primer oráculo establece el marco para el «nuevo pacto» (31.27-28). Se trata de una alianza con Judá y con Israel que se dará en el contexto de su restauración. Estas naciones han sufrido una gran devastación que Dios ha enviado sobre ellas, y de la que Dios mismo les restablecerá. Es interesante aquí el uso de verbos semejantes a los empleados en la comisión a Jeremías al inicio de su ministerio (1.10): «Y así como tuve cuidado de ellos para arrancar y derribar, para trastornar, perder y afligir, tendré cuidado de ellos para edificar y plantar» (31.28).

La segunda profecía declara una condición que caracterizará al nuevo pacto: la responsabilidad individual (31.29-30). El texto comienza citando un proverbio de uso habitual en los días del cautiverio, que dice: «Los padres comieron las uvas agrias y a los hijos les da dentera» (31.29). Su sentido apunta a señalar a la generación pasada como la responsable del sufrimiento de quienes están experimentando el exilio. Desde esta perspectiva, es una injusticia que deban pagar las consecuencias del pecado cometido por sus padres y madres, y este es el sentimiento que prima en buena parte de la comunidad desterrada. Jeremías cita este refrán, pero no para validarlo, sino para refutarlo. Una condición del «nuevo pacto» será que «cada cual morirá por su propia maldad; a todo aquel que coma uvas agrias le dará dentera» (31.30). El profeta aquí no está negando el hecho de que algunas veces personas inocentes sufren las consecuencias de los pecados de sus antecesores o de otros, ni está enseñando un individualismo a ultranza, ya que este pensamiento es ajeno a los tiempos de Jeremías, que mayormente se expresa en términos de personalidad colectiva. La idea central aquí es que la generación del nuevo pacto será la responsable de su destino. Dejarán de «pagar» las consecuencias de la maldad de sus mayores, para ahora tener la oportunidad de un nuevo comienzo.

El tercer oráculo anuncia la naturaleza del «nuevo pacto» (31.31-34). Para ello, utiliza como recurso su comparación con el pacto del Sinaí. En aquella oportunidad el pueblo recibió sus demandas en tablas de piedra, y desde el comienzo de aquella alianza fue rebelde y desobediente a los preceptos divinos. El nuevo pacto será de otra índole, porque esta vez Dios transformará su corazón de modo tal que su ley quedará inscrita en su interior. Usando una expresión cristiana, Yahvé pondrá en esta nueva generación, «así el querer como el hacer, por su buena voluntad» (Fil 2.13). De esta manera, la restauración de la comunidad exiliada tendrá como eje la renovación espiritual. Habrá una nueva comprensión de quién es el Señor y un celo por la comunión con Dios —ideas encerradas en el uso de la frase «me conocerán», que no solo denota entendimiento intelectual, sino también relación de intimidad (31.34). La mudanza en la naturaleza del «nuevo pacto» no tiene que ver con los méritos ni con la inocencia de la generación del cautiverio, sino que es fruto directo de la intervención soberana de Dios, quien les extiende el perdón más absoluto.

La cuarta profecía establece la garantía del «nuevo pacto» (31.35-37). Todo lo aquí anunciado se cumplirá porque Dios en persona lo dice. Así como es imposible que las leyes del universo se alteren, de igual modo los designios del Señor de la naturaleza son inalterables. Y así como no existe nadie capaz de alcanzar los conocimientos divinos, de la misma manera nadie es capaz de alterar el destino que Yahvé ha trazado para su gente.

El quinto y último oráculo declara la señal del establecimiento del «nuevo pacto»: Jerusalén será reedificada (31.38-40). El texto incluye referencias geográficas a los límites de la ciudad, señalando la extensión de su reconstrucción. Resulta interesante la frase que menciona que «Todo el valle de los cadáveres y de la ceniza... serán santos a Jehová» (31.40). Aunque la expresión no es tan clara, conociendo los dichos de Jeremías sobre el Tofet y el valle de Hinom —lugares asociados a la idolatría y a la práctica de sacrificios humanos (véase 19.1-15)— probablemente aquí se esté queriendo referir a la consagración de toda la cuidad y a la completa erradicación de los rituales paganos. Si se acepta esta interpretación, esta profecía anticipa que la señal que sellará el advenimiento del «nuevo pacto» será, más que la reconstrucción física de Jerusalén, su reedificación espiritual. Es por causa de esta santificación que Jeremías concluye la perícopa diciendo: «Nunca volverán a ser arrasados ni jamás serán destruidos» (31.40). La ideología dominante en el preexilio había creído erróneamente en la inviolabilidad de Sión. Ahora el profeta declara la misma, pero entendida en términos de la teología del pacto. Será con el reestablecimiento de la obediencia al pacto —de la ley escrita en sus mentes y en sus corazones— que Judá e Israel experimentarán las bendiciones del Deuteronomio.

Jeremías compra tierras (32.1-15)

El discurso profético se interrumpe y en las próximas líneas se relata un episodio de la vida de Jeremías que, lejos de estar desconectado del contexto, tiene como fin confirmar en su propia biografía los mensajes de consolación que viene proclamando. Los hechos aquí narrados transcurren durante el décimo año del reinado de Sedequías, es decir, en el 588-587 a. C., pocos meses antes de la caída definitiva de Jerusalén. En este momento, se superponen dos circunstancias desgraciadas. Por un lado, los ejércitos babilónicos tienen sitiada a Jerusalén. Por otro lado, Jeremías está preso en el palacio real por profetizar en contra de Sedequías. Curiosamente el texto presenta el contenido del oráculo del anatotita a través de una pregunta formulada por el propio rey, que bien puede indicar su enojo o su desconcierto: «¿Por qué profetizas tú diciendo...» (32.3). Su contenido es contundentemente contrario a los intereses reales y a las expectativas sostenidas por la ideología dominante. Jerusalén será entregada a Nabucodonosor, y Sedequías será llevado a Babilonia donde recibirá el castigo de Yahvé.

Estando en la prisión, Dios le anuncia a Jeremías que recibirá la visita de su primo Hanameel, quien le ofrecerá venderle unas tierras de la familia en Anatot, sobre las que tiene «derecho de compra» (32.7) —luego descrito en términos de «derecho de la herencia» y de «rescate» (32.8). Esta referencia alude a la legislación hebrea que determinaba que, cuando una persona tenía que vender sus tierras, a fin de mantener su propiedad dentro de la familia, debía primero ofrecerlas a la familia, en un determinado orden de prioridades según la proximidad del vínculo. El relato aquí no cuenta las razones por las que Hanameel vendería sus tierras —tal vez esté pensando en huir o quizá se haya endeudado mucho para adquirir los bienes que escaseaban debido al sitio—, pero lo que sí declara es que los hechos acontecen conforme a lo advertido por Yahvé.

Jeremías procede a comprar las tierras de su pariente en Anatot, realizando todas las formalidades establecidas en la ley: paga el precio, redacta y sella la escritura original, la hace certificar por testigos y prepara una copia de la documentación. Luego, le da ambos ejemplares a Baruc, con la indicación de que los guarde en un lugar seguro —en «una vasija de barro, para que se conserven durante mucho tiempo» (32.14). Ante la mirada de numerosos testigos, Jeremías acompaña la compra con un oráculo: «Aún se comprarán casas, heredades y viñas en esta tierra» (32.15). Con este anuncio, la adquisición de las tierras en Anatot se constituye en un acto simbólico mediante el cual el profeta declara que, aunque en su futuro inmediato Judá será destruida, en tiempos más tardíos —dentro de «mucho tiempo» (32.14)— Dios restaurará la vida de la comunidad en este lugar. No hay evidencias históricas de que se haya encontrado aquella vasija con los documentos de la compraventa, pero ciertamente Baruc cumple el objetivo de Jeremías al hacerle tal pedido. El libro que Baruc escribe guarda este capítulo como testimonio de una profecía que se cumplirá muchas décadas después.

Señor de lo imposible (32.16-44)

Los siguientes versículos se derivan de la narración anterior, y registran una oración que Jeremías eleva al Señor después de concretada la compra de las tierras en Anantot (32.16-25), y la respuesta divina a su ruego (32.26-44).

Resulta muy interesante observar el ánimo del profeta en esta ocasión. Su plegaria parece reflejar una lucha de fe en lo íntimo de su persona. Nótese que, por un lado, comienza con una entusiasta declaración de confianza, «Nada hay que sea difícil para ti» (32.17); y por otro, concluye con una pregunta dubitativa sobre su acto simbólico y la promesa divina en cuanto a él: «¡Ah, Señor Jehová!, cuando la ciudad va a ser entregada en manos de los caldeos, ¿tú me dices: "Cómprate la heredad por dinero y pon testigos"?» (32.25). Tal como se observa en muchas otras secciones de este libro —especialmente en sus «confesiones»— Jeremías es un hombre que habla con Dios con total franqueza. Su oración aquí revela los sentimientos ambiguos que experimenta este siervo en circunstancias tan desconcertantes en la historia de Israel.

Mensajes de consolación

El cuerpo de la plegaria muestra el razonamiento que hace el profeta para partir de su afirmación de fe y terminar expresando sus dudas. Seguramente Jeremías está sorprendido con el oráculo que Dios le ha comunicado con respecto a la futura restauración de Judá. Recuérdese que poco tiempo antes él da una palabra de destrucción al mismísimo rey Sedequías, y que esa palabra le ha costado la cárcel. Creyente como es, lo primero que hace es confesar el poder de Dios para hacer maravillas. Y a lo largo de su ruego reitera este concepto recordando la intervención sobrenatural del Señor en medio de su pueblo (32.20-22), pero al mismo tiempo Jeremías manifiesta su teología retributiva. Desde su comprensión del pacto, no es complejo para él identificar el pecado del pueblo y concluir que su destrucción será consecuencia directa de su desobediencia. Tal vez sea esta perspectiva la que le haga entrar en dudas. Con toda la maldad que esta gente ha cometido, ¿será posible que el Señor les de una nueva oportunidad?

Llega el turno de escuchar la respuesta de Dios a la oración de Jeremías (32.26-44). La primera afirmación contesta la incertidumbre del profeta mediante el uso de una pregunta retórica que retoma las primeras palabras de fe de su plegaria: «Yo soy Jehová, Dios de todo ser viviente, ¿acaso hay algo que sea difícil para mí?» (32.27). Luego los dichos divinos parecen responder a los pensamientos del anatotita. Hay una confirmación de todos los mensajes de juicio y castigo que este ha pronunciado de parte del Señor. Jeremías es un profeta verdadero y sus oráculos contrarios a la ideología dominante se cumplirán. El pueblo ha violado su pacto con Yahvé y ahora experimentará las consecuencias de su rebeldía (32.28-35).

«Con todo...» (32.26), Dios es Señor de lo imposible, y como tal, es capaz de darle a su pueblo la oportunidad de un nuevo comienzo. Se reiteran los conceptos claves del «nuevo pacto» —aquí mencionado como «pacto eterno» (32.40)— que Dios hará con el remanente: Judá volverá a ser su pueblo porque sus corazones serán transformados (32.38-40; véase 31.27-40). El restablecimiento del pacto traerá sobre la gente sus bendiciones (32.41-43), y como parte de ellas «Heredades comprarán por dinero; harán escrituras y las sellarán ... porque yo haré regresar a sus cautivos, dice Jehová» (32.44). La respuesta divina concluye contestando la duda de Jeremías mediante la confirmación del oráculo pronunciado en ocasión de la compra de tierras en Anatot. Esa compra es un acto profético de la restauración que el Señor de lo imposible hará en la vida futura de su pueblo.

Resulta muy interesante visualizar el concepto central de este pasaje a la luz de la historia de la salvación. Otros dos textos expresan un contenido semejante. Uno de ellos surge en el contexto de la narración del nacimiento de Isaac, el padre del pueblo de Israel. Ante las dudas de Sara —estéril y de edad avanzada— sobre la profecía de que iba a ser madre, el Señor le dijo: «¿Acaso hay alguna cosa difícil para Dios?» (Gn 18.14). De manera similar, en el relato de la anunciación a María del nacimiento de Jesús, el ángel le declara que ella concebirá sobrenaturalmente del Espíritu Santo, y que su pariente Elisabet —también estéril y de edad avanzada— está embarazada, porque «nada hay imposible para Dios» (Lc 1.37). Juntando estos textos con el de Jeremías se percibe que la salvación solo es posible gracias al Señor de lo «imposible». Israel nace de la «imposibilidad»; pese a parecer «imposible», este pueblo es restaurado después de su cautividad, y mediante una intervención «imposible» a los ojos humanos, su Hijo se hace carne para redención de todas las personas que se arrepienten de sus pecados y ponen su fe en él.

Promesas de restauración (33.1-26)

Este capítulo cierra «El libro de la consolación» con una colección de seis oráculos sobre la futura restauración de Judá, pasada la experiencia del cautiverio. Dios da estos mensajes a Jeremías durante su cautiverio en el palacio, en tiempos de Sedequías, poco después de la profecía relacionada con la compra de las tierras en Anatot (33.1; véase 32.2).

El primer oráculo está estrechamente relacionado con la temática del capítulo anterior, y gira en torno a lo «grandioso» de la reconstrucción de la comunidad judaica posexílica. Lo aparentemente «imposible» se tornará «posible» solo por causa de la intervención divina. Así comienza esta porción, mencionando en tres oportunidades el nombre sagrado del Señor —«Jehová» (33.2)— y poniéndolo en conexión con su papel como creador y sustentador del universo. Lo que esto significa de alguna manera es que el mismo Dios que ha creado los cielos y la tierra del vacío y del desorden (Gn 1.1-2) tiene el poder para rehacer a Judá del caos y del arrasamiento en que quedará después del asalto caldeo.

Mensajes de consolación

Este «Jehová» habla al profeta —y por su intermedio a todo su pueblo— invitándole a orar y a buscar a Dios, porque aunque parezca estar lejano, Dios responderá. Aquí hay un primer indicio de restauración, ya que hubo un tiempo en que el Señor se había negado a escucharles (7.16; 11.14; 14.11). Ahora, en cambio, asegura oír y contestar de una manera novedosa: «te enseñaré cosas grandes y ocultas que tú no conoces» (33.3). Estas «cosas grandes y ocultas» —magníficas e inaccesibles a los razonamientos humanos— no son sino las obras recreadoras de Dios haciendo posible un nuevo comienzo en el futuro de Judá. Los verbos usados en los siguientes versículos arrojan luz sobre las dimensiones de la restauración: «Yo les traeré sanidad y medicina; los curaré y les revelaré abundancia de paz y de verdad. Haré volver los cautivos de Judá y los cautivos de Israel, y los restableceré como al principio. Los limpiaré de toda su maldad con que pecaron contra mí, y perdonaré todas sus iniquidades con que contra mí pecaron y contra mí se rebelaron» (33.6-8). Estas son las «cosas grandes y ocultas», inimaginables para Jeremías y sus contemporáneos, pero posibles para quien creó todo de la nada y puso orden en medio del caos.

En una segunda profecía Dios le enseña al profeta una nueva cosa grande e inimaginable en medio de la tragedia que está viviendo el pueblo de Judá, y esta es la promesa del restablecimiento del gozo y de la alabanza (33.10-11). Yahvé restablecerá su *shalom* —paz y bienestar— sobre su pueblo, y este tendrá la capacidad de reconocer la bondad y la misericordia divinas, y de adorarle con un sincero agradecimiento.

El tercer oráculo revela que la futura restauración también tendrá consecuencias en la vida económica de la comunidad (33.12-13). La figura que aquí se emplea retoma la imagen del Dios creador, capaz de transformar un «lugar desierto, sin hombre ni animal...» (33.12) en un sitio de abundancia y prosperidad.

La cuarta profecía anticipa la restauración del liderazgo (33.14-18). Esta sección se subdivide en dos partes. En primer lugar se refiere al liderazgo político (33.14-17) y anuncia la restauración de la dinastía davídica. Sin dudas es bastante sorprendente este discurso en boca de Jeremías, ya que buena parte de su ministerio está marcado por su lucha contra los reyes de Judá y contra la ideología dominante que sostiene la incondicionalidad del gobierno de la casa de David. Ahora se proclama la rehabilitación de esta familia en el trono, aunque el eje de la cuestión no está puesto en el linaje, sino en el compromiso con la esencia del pacto. El futuro liderazgo político en tiempos de la restauración será «un renuevo justo, que actuará conforme al derecho y la justicia en la tierra» (33.15). Esta frase implica que su legitimidad no estará dada por su sangre, sino por su fidelidad a las demandas de la ética del pacto. En segundo lugar, esta palabra anuncia que la restauración del liderazgo también se extenderá al ámbito religioso. No es posible determinar con certeza si Jeremías y sus contemporáneos logran divisar en sus días la posibilidad de la destrucción del templo. De ser así, esta es una promesa de gran consolación, porque involucra el compromiso de la reedificación del santuario, y sobre todo del restablecimiento de la presencia de Dios en medio de su pueblo, y de un sacerdocio que guiará al pueblo en fidelidad.

El quinto oráculo está estrechamente ligado con el anterior y ofrece una garantía para el cumplimiento de las promesas de restauración (33.19-22). Jeremías ya ha usado un argumento muy semejante (véase 31.35-37), solo que en este caso queda reforzado por el hecho de usar la imagen del Creador en la primera profecía. De esta manera se asegura que Aquel que «hizo la tierra... la formó para afirmarla» (33.2) es el mismo Dios que avala su palabra. Y con la misma contundencia con la que sus leyes sobre la naturaleza no mudan, así tampoco cambiará su designio de restablecer un liderazgo político y religioso que «sirva» a sus propósitos (33.22).

La sexta y última profecía de este capítulo manifiesta la repercusión de la restauración de Judá en términos de su testimonio a las naciones (33.23-26). El cierre de estos oráculos es tanto un mensaje de consolación para la sufriente Judá de los días de Jeremías como una respuesta concreta a las declaraciones que dicen: «"Las dos familias que Jehová escogió, ¿las ha desechado?" ¡Así tienen en poco a mi pueblo, que ni siquiera lo tienen por nación!» (33.24). En el contexto de este dicho, parece claro que las mención de las «dos familias» es una referencia a Israel y a Judá. La primera ya ha sido destruida por los ejércitos asirios, y ahora Judá enfrenta el cautiverio y la devastación en manos de las tropas caldeas. ¡Todo parece indicar que Dios les ha abandonado! Sin embargo, «El libro de la consolación» termina con un mensaje de esperanza. El mismo «Jehová», Creador de los cielos y la tierra promete restaurar a estos pueblos haciendo «volver sus cautivos» y teniendo «de ellos misericordia» (33.26), con un designio tan inmutable como aquel por medio del cual gobierna toda su creación.

Capítulo 7

Narraciones biográficas e históricas (Jer 34.1–45.5)

Esta sección incluye fundamentalmente una variedad de relatos sobre los últimos años de la historia de Judá y de Jerusalén antes de su caída, entrelazados con la narración de ciertos episodios de la vida de Jeremías. Como se ha mencionado en la Introducción, el libro de Jeremías no está escrito en orden cronológico, lo que puede generar alguna confusión, especialmente en este bloque más histórico. Mayormente el material sigue un orden en el tiempo, que va desde el reinado de Sedequías, pasa por la caída de Jerusalén y culmina con relatos de hechos posteriores a la misma. Sin embargo, los capítulos 35 y 36 cuentan sucesos anteriores, correspondientes al reinado de Joacim (608-597 a. C). Su inclusión en este bloque no responde a la cronología histórica, sino a su afinidad temática con el contenido del resto de la sección.

Hay tres elementos centrales que se destacan a lo largo de esta sección. En primer lugar, vemos el papel de confrontación de Jeremías. Gran parte de su obra mantiene este tenor, pero este bloque es muy enfático en mostrar el antagonismo entre el anatotita y los representantes del poder político de su tiempo, principalmente encarnados en la figura del rey. Jeremías aquí tiene el claro papel del enemigo público, lo que le llevará a convertirse en un preso político. Pese a todo, no se amedrenta, y estos capítulos lo muestran con una gran valentía y determinación por cumplir su misión profética a cualquier costo. El segundo elemento tiene que ver con la participación de Baruc en estos acontecimientos. Baruc es su principal aliado, su «cómplice» para denunciar a los poderosos, su protector en días posteriores al desastre, y sobre todo un actor fundamental en la supervivencia del mensaje de Jeremías. Y en tercer lugar, es necesario destacar que todo este bloque está atravesado por una concepción teológico-política que comparten Jeremías y Baruc, que afirma que Dios es el soberano de los destinos de las naciones, quien en esta hora concede a Babilonia la autoridad sobre los demás pueblos, y la convierte en su agente para ejercer su justicia sobre ellos. Esta posición, que hoy puede percibirse mayormente en términos teológicos, tiene fuertes connotaciones políticas en su contexto inmediato. Sus discursos promueven la supremacía caldea, e instan al pueblo a rendirse y a someterse a Babilonia. No es de sorprender que la mala interpretación de sus palabras les haga aparecer como traidores.

Conflictos con Sedequías (34.1-22)

Este pasaje relata dos conflictos que se producen entre Jeremías y Sedequías. El primero de ellos (34.1-7) acontece en el marco de la inminente caída de Jerusalén en manos de Babilonia. Para este momento, Nabucodonosor tiene sitiada la ciudad —una estrategia militar de la época para conseguir tomar ciudades amuralladas, cerrando sus accesos hasta que la hambruna y las pestes las obligaran a capitular. No es difícil imaginar la angustia y la desesperación de quienes están dentro de Jerusalén, especialmente de sus gobernantes. Seguramente el rey está esperando a que Dios obre en su favor y les liberte de sus enemigos, pero, el mensaje que el Señor le envía por medio de Jeremías es totalmente contrario al esperado. El profeta le anuncia, primeramente, el fatal destino de Jerusalén. «Yo entregaré esta ciudad al rey de Babilonia, el cual la entregará al fuego» (34.2). Luego, arremete directamente contra el monarca, comunicándole dos oráculos divinos. El primero de ellos le anticipa que cuando los caldeos tomen Jerusalén él será apresado y llevado cautivo a Babilonia, donde se encontrará frente a frente con Nabucodonosor (34.3). El segundo tiene una interpretación más controvertida. Una lectura literal dice que Sedequías morirá allí «en paz» (34.5). Sin embargo la historia cuenta que, por el contrario, es obligado a presenciar el asesinato de sus hijos y una vez trasladado a Babilonia le arrancan los ojos y muere allí en la prisión (52.9-11; 2 R 25.7). ¿Cómo entender esta aparente contradicción? Hay sugerencias de que el dicho de Jeremías debería entenderse como una frase condicional, que se comprendería mejor de escribirse así: «Con todo, [*si oyes*] palabra de Jehová... No morirás a espada. En paz morirás...» (34.4-5; véase 38.17-18). Esta hermenéutica enfatiza la idea de que aun en horas tan cruciales en el destino de Judá y del propio Sedequías, hay una oportunidad de disminuir su castigo si se decide «escuchar» a Dios. Lamentablemente, su trágico final es una evidencia más de la dureza de corazón de este monarca.

El segundo conflicto entre Jeremías y Sedequías se da poco después del anterior (34.8-22). En plena crisis del sitio de Jerusalén, el rey hace un pacto solemne con la aristocracia de la ciudad acordando dejar en libertad a sus siervas y esclavos hebreos (34.8-9). Se desconocen las motivaciones para este acto, que por cierto estaba estipulado en el pacto deuteronómico (Dt 15.1-11). Tal vez esta liberación procure que en tiempos de escasez de comida las familias ricas tengan menos bocas que alimentar; tal vez se crea conveniente para acrecentar las filas del ejército local; o quizás se esté buscando hacer alguna cosa conforme a la ley para ganar el favor de Dios. Sea por una causa o por otras, la nobleza acepta la indicación real y la obedece (34.10), pero esta medida dura poco y pronto se vuelve a esclavizar a la gente liberada (34.11). ¿A qué se debe este cambio? Muy probablemente a una mudanza transitoria de las circunstancias. La historia cuenta que el sitio de Jerusalén se ve temporalmente interrumpido (34.21-22), trayendo momentáneo alivio a la ciudad y la falsa expectativa de la culminación del peligro. Si el liderazgo tomó aquella medida pragmáticamente, por la crisis económica o militar, puede que ahora no la crean ni necesaria ni conveniente. Si se decidió por ella para congraciarse con Yahvé, tal vez ahora crean que ya no precisan más de él, pero el texto de Jeremías muestra el grave error de haber retrocedido en la obediencia a la ley del Señor. Dios se disgusta tanto por este hecho, que envía a su profeta a reiterar su juicio sobre la ciudad y sobre su liderazgo, y les anuncia lo peor que esta gente pueda oír: que los ejércitos caldeos volverán y que Jerusalén caerá en sus manos y será destruida por ellos.

El ejemplo de los recabitas (35.1-19)

Esta historia trascurre unos años antes de la fallida liberación de los esclavos hebreos recientemente relatada (34.8-22). Su inclusión aquí no se debe a razones de cronología histórica, porque ahora estamos retrocediendo aproximadamente una década, sino al propósito de contraponer aquellos sucesos con el ejemplo de «los recabitas». Los hechos que se cuentan en este capítulo ocurren durante el final reinado de Joacim (35.1, 11). Sus protagonistas son integrantes de una comunidad nómada descendientes de Hobab, cuñado de Moisés (Nm 10.29-33) y de Recab (1 Cr 2.55). Este grupo está organizado alrededor de los mandatos que les había establecido uno de sus célebres antepasados llamado Jonadab (35.6; 2 R 10.15-16). El texto deja en claro en qué consisten tales ordenanzas: «No beberéis jamás vino, vosotros ni vuestros hijos. No edificaréis casa y no sembraréis sementera ni plantaréis viña ni la retendréis, sino que habitaréis en tiendas todos vuestros días, para que viváis muchos días sobre la faz de la tierra donde vosotros habitáis» (35.6-7). Se conoce poco sobre los recabitas, pero este texto permite deducir que se trata de gente seguidora de Yahvé que cumple acabadamente con los principios de Jonadab, negándose a llevar una vida sedentaria, tal vez como una medida de protección contra el sincretismo con los cultos cananeos.

El texto comienza con la orden de Dios a Jeremías de convidar a los recabitas a una reunión en el templo con el liderazgo sacerdotal, en la cual debe inducirles a beber vino. El profeta cumple la indicación, pero los recabitas rehúsan tomar esa bebida alegando su obediencia a los mandatos de Jonadab (35.6-11). Además declaran cumplir con todas las demás instrucciones de su antepasado, y aun plantean la razón de la excepción de estar dentro de Jerusalén solo momentáneamente, para preservar sus vidas ante la amenaza de Nabucodonosor.

En seguida viene la palabra divina que hace del encuentro entre Jeremías y los recabitas un acto simbólico de fuerte contenido profético en presencia del liderazgo religioso del templo. El mensaje es contundente: «Ciertamente los hijos de Jonadab, hijo de Recab, tuvieron por firme el mandamiento que les dio su padre; pero este pueblo no me ha obedecido» (35.16). La actitud de los recabitas es un ejemplo de obediencia y de fidelidad que contrasta amargamente con la rebeldía de Judá. Por su testimonio de lealtad, aquella comunidad recibe la siguiente promesa divina: «no faltará de Jonadab hijo de Recab, un descendiente que esté en mi presencia todos los días» (35.19). Aunque no se pueden precisar con exactitud las consecuencias históricas de este dicho, hay quienes sugieren que se les asegura la continuidad de su comunión con Yahvé. Por el contrario, a Judá se le reiteran palabras de juicio y castigo (35.17).

Como se mencionara anteriormente, la inclusión en esta parte del texto de la historia de los recabitas tiene como fin contrastar el ejemplo de estos con la desobediencia del rey y de la aristocracia jerosolimitana en cuanto a la ley de la remisión en tiempos de Sedequías, y es una forma más de explicar por qué Dios no les librará de las manos de Nabucodonosor, quien volverá sobre Jerusalén hasta conquistarla y destruirla. La contraposición de ambas narraciones es una muestra interesante de lo que en muchas otras partes de las Escrituras se representa con la idea de los dos caminos (Dt 30.15-20; Mt 7.13-14). Existe la opción de ser fieles al Señor y la alternativa de desobedecerle, pero en cada caso los resultados son muy distintos y cada quien deberá asumir la consecuencia de sus actos.

Conflicto con Joacim (36.1-32)

Este episodio, al igual que el del capítulo anterior, acontece en tiempos de Joacim, y en este caso se da una fecha precisa, que es «el cuarto año» (36.1) de su reinado (605-604 a. C). El dato es significativo, ya que señala un período sumamente conflictivo en las relaciones internacionales en el Oriente Medio. En ese mismo año los caldeos consiguen derrotar a los egipcios en Carquemis, cambiando el mapa geopolítico de la región. Judá, que hasta entonces era vasallo de Egipto, y como tal gozaba de su protección, ahora queda a merced de Babilonia. La situación de la nación judaica es muy complicada, ya que es ostensible que su liderazgo es aliado de los egipcios y que Nabucodonosor no va a tolerar tal vínculo.

En este marco Dios instruye a Jeremías para poner por escrito todas sus profecías contra Judá y contra las demás naciones. Queda especificada la razón de esta ordenanza: «Quizá oiga la casa de Judá todo el mal que yo pienso hacerles para que se arrepienta cada uno de su mal camino. Entonces yo perdonaré su maldad y su pecado» (36.3). Esta declaración parece indicar que, pese a la inminencia de la invasión babilónica, el Señor aún desea no ejecutar su castigo, y quiere ofrecerles una última oportunidad —oportunidad que tristemente será rechazada.

El profeta obedece el encargo y convida a Baruc a ayudarle en su labor, que no consiste únicamente en registrar sus oráculos, sino en ser también su portavoz (36.4-8). Esta situación permite valorar la importancia de Baruc de una manera más completa. No se trata solo de un amanuense o un secretario de Jeremías, sino de un actor principal en el terreno político del momento. Todo parece indicar que pertenece a una familia vinculada al poder. Su hermano Seraías tiene un alto cargo en el palacio (51.59), e indubitablemente comparte la fe y las ideas del anatotita, al punto de arriesgar su propia vida. Téngase en cuenta que en este momento Jeremías es enemigo público del liderazgo judaico, y que buena parte de sus mensajes, que ahora se pondrán por escrito, condenan abiertamente a la casa de David.

Concluida la escritura del rollo con los mensajes del profeta, este encomienda a Baruc su lectura pública en el templo, durante el día de ayuno. Generalmente tales actos se celebraban ante un peligro inminente, que aquí tal vez tenga que ver con la proximidad de los ejércitos babilónicos. El pasaje es bien específico en relatar cómo suceden estos eventos. Baruc realiza su lectura desde «el aposento de Gemarías hijo de Safán, escriba, en el atrio de arriba, a la entrada de la puerta nueva de la casa de Jehová, a oídos del pueblo» (36.10). Esta mención es significativa desde dos perspectivas. Por un lado, la mención de Gemarías es altamente simbólica, ya que su padre Safán fue quien leyó al rey el rollo de la ley descubierto en tiempos de Josías (2 R 22.3, 8-11). Ahora Gemarías —aparentemente simpatizante de Jeremías, y tal vez uno de los sobrevivientes del grupo adherente a la reforma de Josías— facilita la lectura de este nuevo rollo que también contiene la palabra del Señor. En segundo lugar, la descripción de que su cámara está situada en una altura más elevada confirma que toda la gente que está en el templo tiene la oportunidad de escuchar estas profecías. Pese a una audiencia tan amplia, el texto solo registra la reacción de Micaías —el hijo de Gemarías y nieto de Safán— que parte raudo a conversar sobre lo escuchado con otros «jefes» (36.14) de Judá, los que mandan a buscar a Baruc para oír en persona sus dichos.

La segunda lectura del rollo (36.15-19) es un episodio muy revelador sobre la complejidad de la situación del momento. Todo parece indicar que hay fracturas dentro del liderazgo judaico, ya que, contrariamente a lo esperado, este grupo se muestra interesado en escuchar las profecías y en asegurarse de que las mismas provienen del propio Jeremías —lo que manifiesta que le atribuyen credibilidad a los mensajes del anatotita.

Narraciones biográficas e históricas

Su reacción es por demás reveladora de las tensiones que enfrentan. Por un lado, reconocen la urgencia de advertir al rey sobre el contenido del rollo, y por otro lado, concientes de que el monarca va a disgustarse sobremanera, piden a Baruc y a Jeremías que se escondan para garantizar su seguridad.

Así se llega a la tercera instancia en la que se lee el rollo, ahora en presencia del rey (36.20-26). Hay un detalle muy valioso en este episodio. El «rollo», que comienza siendo el registro de las profecías de Jeremías, luego es leído por Baruc —quitando de la escena al anatotita— y en última instancia, «habla» al mismísimo rey sin intermediación personal de los siervos de Dios. El caso es un ejemplo muy interesante de la autonomía de la palabra del Señor y representa cabalmente el poder de comunicación que contiene el texto sagrado. Así ocurre en nuestros días con la Biblia, por medio de la cual muchos hombres y mujeres logran escuchar la voz de Dios solo a partir de su lectura.

La escena de la lectura del rollo ante Joacim está relatada de modo de presentarla en un franco contraste con la ocurrida años atrás ante Josías. En aquel entonces, «cuando el rey escuchó las palabras del libro de la Ley, rasgó sus vestidos» (2 R 22.11). Ahora, el monarca no rasga sus vestidos, ni «oye» la palabra de Dios, sino que rasga el rollo y quema la palabra divina. Lo que Joacim es incapaz de percibir es que deshaciéndose del rollo no conseguirá silenciar la profecía, ni que arrestando a los mensajeros logrará ejercer control sobre el designio de Yahvé, que le es contrario.

El capítulo concluye con cuatro acciones relevantes que tienen a Dios como protagonista (36.26-32). La primera de ellas es que Joacim no alcanza a arrestar a Jeremías y a Baruc, porque «Jehová los escondió» (36.26). La segunda es que el Señor les ordena escribir otro rollo. Su palabra está destinada a prevalecer contra cualquiera que quiera exterminarla. La tercera es reiterar un oráculo de castigo contra Joacim y su descendencia, y contra todo Judá por resistirse a «oír» la palabra de Dios. Y la cuarta acción está implícita en la última frase del texto: «Y aun fueron añadidas sobre ellas muchas otras palabras semejantes» (36.32). El rollo vuelve a escribirse con el contenido del anterior, pero ahora Dios agrega nuevas profecías de juicio, porque una vez más Judá y sus príncipes dan muestras de su rebeldía y terquedad de corazón.

Nuevo conflicto con Sedequías (37.1-21)

Los eventos vuelven a situarse en tiempos del reinado de Sedequías, en el período en el cual el sitio babilónico sobre Jerusalén se ve temporalmente interrumpido para reducir una insurrección en Egipto. En estas circunstancias el propio rey Sedequías envía representantes a pedir a Jeremías que ruegue por Judá. Este hecho permite adelantar dos conclusiones. La primera, que pese a experimentar un aparente alivio, el liderazgo es conciente de que el peligro no ha terminado. La segunda, que aunque se considere a Jeremías como enemigo público, el monarca reconoce en él a un profeta verdadero. De hecho, lo que está pasando en Jerusalén es el cumplimiento de lo que el anatotita ya había anticipado. Curiosamente no se cuenta la respuesta de Jeremías. Esta omisión parece indicar que el profeta rechaza su pedido, tal vez por desconocer la autoridad del rey o por saber que Dios no «escuchará» esa oración (7.16; 11.14; 14.11).

El relato continúa mencionando que Jeremías todavía goza de libertad, y que el rey le manda a consultar al Señor sobre la retirada de las tropas babilónicas. La respuesta no dice lo que seguramente el monarca y todo Judá quieren escuchar, sino que el profeta se mantiene firme en sus convicciones y declara que los caldeos regresarán y destruirán la ciudad (37.6-10). Se desconoce quiénes escucharon este mensaje o si esta circunstancia está estrechamente relacionada con cómo se desenvuelven los hechos, pero lo cierto es que poco después —pasando por una de las salidas de Jerusalén para dirigirse a Anatot— se acusa falsamente a Jeremías de traidor y se le arresta (37.13). Luego le azotan y le encarcelan «en la casa de la cisterna y en las bóvedas» (37.16) en una propiedad de Jonatán. No queda claro cómo es este lugar, pero todo da a entender que se trata de un sitio en condiciones insalubres, en el cual el profeta queda prisionero «por muchos días» (37.16).

Entonces se produce otro episodio curioso: Sedequías saca «secretamente» (37.17) a Jeremías de su encierro con el único propósito de preguntarle si tiene palabra de Dios para él. Esto no hace más que confirmar las observaciones arriba mencionadas: que el monarca sabe que el peligro no ha terminado, y que está desesperado por recibir alguna palabra divina de alivio. El rey sabe que, pese a ser «enemigo público», las cosas están aconteciendo según lo profetizado por el anatotita, lo que

Narraciones biográficas e históricas

le merece la consideración de verdadero profeta de Yahvé. Además, este hecho revela la patética situación de Sedequías. Su poder es tan frágil que tiene que obrar a escondidas —seguramente por temor a los «jefes» de Judá. Jeremías tiene palabra para el rey, y esta vuelve a serle contraria anunciándole que será entregado en manos de Babilonia.

El encuentro da lugar a que el profeta haga su descargo ante Sedequías. Él no es un «traidor». Sólo está comunicando los mensajes que el Señor le encomienda, y tanto el rey como toda la comunidad judaica tienen suficientes evidencias de que es un verdadero profeta de Yahvé. Con este alegato le pide no regresar a la prisión de la casa de Jonatán. Resulta interesante observar que en ningún momento la narración pone palabras en boca de Sedequías. Parece resignarse ante su destino. Su acción ante la petición de Jeremías le muestra una vez más en la ambigüedad que atraviesa todo este relato. No le libera de la prisión, pero le traslada a otra con mejores condiciones, y se asegura de que no muera en manos de sus enemigos ni por causa de la inanición (37.21).

Cuatro personajes (38.1-28)

Este capítulo presenta ciertas dificultades en su relación con el anterior. Hay muchas semejanzas en el contenido de ambos, lo que hace suponer a la mayoría de los eruditos que se trata de dos versiones de un mismo episodio. Sin embargo, también están quienes creen que se trata de dos sucesos diferentes que no hacen más que mostrar las reiteradas veces en las que se producen severos conflictos entre los actores del drama.

Uno de los aspectos interesantes de esta narración es su manera de mostrar la dinámica existente entre sus protagonistas, presentados en dos pares contrapuestos. El primero de ellos está formado por «los jefes» de Judá, por un lado (38.1-4), y Ebed-melec, por el otro. Los primeros representan al liderazgo nacionalista que promueve la resistencia a Babilonia, y seguramente conserva expectativas de liberación mediante una alianza con Egipto. Obviamente son enemigos de Jeremías, a quien consideran traidor, y como tal procuran su muerte. El relato les revela como los verdaderos «dueños del poder» (38.5). La contrafigura de este grupo es Ebed-melec, «un etíope, eunuco de la casa real» (38.8). El término «eunuco» es ambiguo en el contexto bíblico, y bien puede referirse a la condición de castración física, como puede designar a un alto funcionario de gobierno. Aquí parece estar empleado en esta segunda acepción, que podría o no suponer la primera. De esta manera, en la narración actual, Ebed-melec es un extranjero, y de ser físicamente castrado, un hombre inaceptable a los ojos del liderazgo hebreo (Dt 23.1). Sin embargo, aquí encarna a quien discierne la voluntad de Dios y actúa conforme a ella. Se le muestra simpatizante de Jeremías y muy bien se podría inferir que está alineado con su propuesta de no resistir a Babilonia. Paradójicamente, en la escena aquí descrita «los jefes» de Judá pasan por sobre la autoridad del rey para poner al profeta en la cisterna con el claro propósito de que muera, mientras que el «cusita» pide permiso al monarca y le rescata de allí, logrando preservar su vida.

El segundo par protagónico del relato son Sedequías y Jeremías. Sus posiciones son muy distintas, y les han llevado a confrontarse en muchas oportunidades en el ejercicio de sus respectivos oficios. Curiosamente, la narración consigue seguir mostrando sus diferencias, y al mismo tiempo es la porción en la que se les ve menos enfrentados. Ambos están en condiciones vulnerables. Sedequías experimenta una situación sumamente precaria. Está a cargo del gobierno, porque el legítimo rey —Joaquín— está preso en Babilonia y Nabucodonosor le ha puesto en su reemplazo. Les debe lealtad a los caldeos, pero está constantemente presionado por los «jefes» de Judá —el grupo que detenta el poder real— que son contrarios Babilonia y aliados de Egipto. Y como si esto fuera poco, teme las represalias de la minoría judía que está pasándose al bando babilónico. En medio de todas estas tensiones, tiene que conducir a su país en la peor crisis de su historia, y no sabe qué hacer. Por su parte, Jeremías, vive un momento límite. Fue encerrado en condiciones deplorables dentro de una cisterna, parado o sentado sobre el lodo, sin acceso al alimento, y abandonado ahí para que muera. Milagrosamente Ebed-melec le rescata y le traslada a otra prisión, pero el anatotita ignora cuál será su suerte en el futuro inmediato. En este momento se produce un encuentro secreto entre ambos. Sedequías le pide consejo a Jeremías, quien le reitera lo que ya le ha dicho en varias ocasiones. Tiene dos alternativas: si se rinde, salvará su vida y la de la población judaica; si resisten, perecerán. El rey guarda silencio sobre estos dichos. Aunque quisiera obedecer al profeta, el poder ya no está en sus manos y no tiene más nada que hacer. El final del texto muestra cómo la fragilidad de ambos les vuelve menos enemigos. Sedequías se ve obligado a pedir a Jeremías que oculte el contenido de su conversación a «los jefes» de Judá. Por su parte, el anatotita se ve en la situación de tener que rogar al monarca por su vida. Ambos corren peligro de muerte. Ambos consienten al pedido del otro. Ahora solo les resta esperar el cumplimiento de la profecía.

Cuatro destinos (39.1-40.6)

Este capítulo incluye una —la más breve— de las dos narraciones sobre la caída de Jerusalén que contiene el libro de Jeremías (la otra se encuentra en 52.1-34). Este episodio acontece en julio del 587 a. C., cuando tras casi dos años de sitio los caldeos consiguen hacer una brecha en la muralla y toman la ciudad por asalto. Así se cumple lo profetizado por Jeremías: resistir a Babilonia —que en este contexto es sinónimo de resistir el designio divino— iba a conducirles a la catástrofe. Ahora, Jerusalén enfrenta su destrucción (39.8)

El relato de la caída de la ciudad está entrelazado con la narración del destino de los cuatro personajes destacados en el capítulo anterior (38.1-28). En primer lugar se cuenta la historia de Sedequías. Este procura escapar de «los jefe» caldeos (39.3) y huye junto a sus aliados en dirección al valle del Jordán, pero su intento no tiene éxito y es detenido por las tropas babilónicas, y es entonces trasladado al campamento donde se encuentra Nabucodonosor. Allí se enfrenta con su terrible destino. Le obligan a presenciar la muerte de sus hijos y de sus aliados, y luego le arrancan los ojos —como si quisieran dejar en su retina una última visión que le atormente de por vida. Finalmente, le conducen encadenado hasta Babilonia donde queda prisionero.

En segundo lugar, se señala el asesinato de «los nobles» de Judá (39.6) y la deportación de toda la población (39.9), con excepción de «los pobres del pueblo» (39.10). No caben dudas de que «los jefes» de Judá sufren de una u otra manera un destino desgraciado.

En tercer lugar, se narra, en dos oportunidades, la situación de Jeremías (39.11-14; 40.1-6). A estas alturas —tal como se le encuentra en el final del capítulo anterior (38.28)— sigue preso en el patio de la cárcel cuando se produce el asalto caldeo sobre la ciudad. No se dan detalles de cómo Nabucodonosor tiene conocimiento sobre el profeta, pero sí se especifica su orden a Nabuzaradán, el capitán de su ejército: «Tómalo y vela por él; no le hagas mal alguno, sino haz con él como él te diga» (39.12). Sin embargo se produce un error (40.1). Le encadenan y le incluyen en el grupo de deportados. De alguna manera Nabuzaradán se apercibe de la equivocación y sale a buscarle entre quienes van camino a Babilonia. Cuando le encuentra le reconoce como verdadero profeta y deja su destino en sus propias manos. Puede irse con él a la capital del imperio, donde se le prometen cuidados, o puede regresar a Jerusalén, o instalarse donde quiera. Además le entrega provisiones para el viaje y hasta un «presente» (40.5). Así es como Jeremías recupera su libertad y toma la decisión de volver a la ciudad.

Finalmente se relata el destino de Ebed-melec (39.15-18). Esta historia ocurre en el tiempo previo a la caída de Jerusalén, mientras Jeremías está preso en el patio de la cárcel. El profeta habla con el etíope, le anuncia la tragedia que viene sobre la ciudad y le garantiza que en aquellos días Dios preservará su vida, por causa de su confianza en Dios. La inclusión aquí de este relato seguramente se debe a que esta profecía, como todas las demás palabras de Jeremías, encuentra cumplimiento en esos días.

Así quedan consumados los destinos de estos cuatro personajes. Quienes se opusieron a la voluntad de Dios —Sedequías, sus aliados, los «nobles» y los «jefes» de Judá— sufren la tragedia que les acarrea su rebeldía y su desobediencia. Quienes en tiempos de tanta confusión logran discernir los propósitos divinos y actuar conforme a ellos —Jeremías y Ebed-melec, a los que se agregan «los pobres» de Judá— consiguen sus propias vidas como «botín» (39.18).

El gobierno de Gedalías (40.7–41.3)

Tras la caída de Jerusalén Nabucodonosor convierte a Judá en una provincia más de su imperio y designa a Gedalías como gobernador. Este hombre pertenece a una familia importante de la comunidad judaica, vinculada con la reforma de Josías (2 R 22.10, 12), y probablemente simpatizante de Jeremías —de hecho, su padre le había salvado la vida del profeta (26.24). Su tarea es más que compleja, ya que después del asalto caldeo Jerusalén está totalmente destruida, al igual que varias ciudades de la región, y la población está diezmada, tanto por causa de las muertes como de las fugas y de las deportaciones. Solo queda en el territorio la gente más pobre y muy poco liderazgo, y con estas personas Gedalías tiene que procurar reconstruir el tejido social y la economía.

Narraciones biográficas e históricas

Probablemente es debido a la situación extrema de Jerusalén que decide trasladar su sede de gobierno a Mizpa (40.6).

La narración sobre Gedalías puede dividirse en tres partes. La primera de ellas trata sobre el comienzo de su gestión en el gobierno (40.7-12). Uno de los primeros asuntos que se le presentan es la resolución de su relación con el grupo de «jefes» militares que habían logrado escapar del ejército caldeo. Estos todavía tienen milicianos a su cargo, y para Gedalías es fundamental mantenerlos bajo control, y así no agravar la relación con Nabucodonosor. Para ello les ofrece un trato: que se sometan a Babilonia, y a cambio podrán usufructuar económicamente ciertos territorios (40.9-10). Además de esto, se compromete a representar los intereses de la comunidad ante las pretensiones caldeas. Si bien no se explicita la respuesta de estos «jefes», en principio parecen aceptar el acuerdo. Esto parece solucionar el primero de sus desafíos de gestión. El segundo tiene que ver con la economía. Es fundamental volver a poner la tierra a producir, tanto para alimentar a la población como para tener cierta capacidad de pago de tributos a Babilonia, lo que mantendría en buenos términos su relación. La buena reputación de Gedalías genera un marco de confianza que hace que buena parte de la población judía que está dispersa entre las naciones vecinas decida regresar y trabajar en la cosecha.

Hasta aquí la situación parece relativamente acomodada, pero la bonanza dura poco. La segunda parte de este relato cuenta la formación de un complot contra Gedalías (40.13-16). Sus protagonistas son Baalis e Ismael. Es poco lo que se sabe sobre estos hombres, pero es posible especular sobre las razones de su enemistad. El primero es un rey amonita, que quizás sólo esté actuando por su histórica antipatía hacia Judá, aunque más probablemente esté intentado evitar la consolidación de un estado aliado de Babilonia en su propia frontera. En cuanto a Ismael, se trata de un «jefe» de sangre real (41.1). Es posible que tenga expectativas de asumir el poder en lugar de Gedalías, o quizás tan solo le mueva el odio a Babilonia y su consideración del gobernador como un traidor colaboracionista. Sea por alguno de estos motivos o por otros, lo cierto es que ambos acuerdan que Ismael, que pertenece al círculo que tiene acceso Gedalías, le asesine.

Enterados de este plan Johanán —uno de los «jefes» de Judá— y un grupo de otros capitanes de milicias se presentan ante el gobernador para hablar del asunto. El texto muestra, por un lado, la sorpresa de esta gente de que Gedalías ignore el peligro que corre, y por otro, la ingenuidad de este al negarse a creer o al menos investigar la advertencia. Por segunda vez, ahora en secreto, Johanán conversa con él de este asunto que considera tan grave que hasta se ofrece a matar a Ismael, pero Gedalías vuelve a negarse a creer que Ismael pueda estar maquinando contra él.

Así se llega a la tercera y última parte que, lamentablemente, trata sobre el asesinato de Gedalías (41.1-3). El relato fecha los eventos en el mes séptimo (41.1) —octubre de nuestro calendario—, pero no sabe de qué año se trata. Es posible que este suceso ocurra muy poco tiempo después de la instalación de Gedalías en el poder, en el mismo año de la destrucción de Jerusalén (587 a. C.). También puede ser que se trate del año siguiente, o hasta de un par de años después. Lo cierto es que, tal como lo había advertido Johanán, Ismael —con varios otros cómplices— aprovecha la hospitalidad de Gedalías y, mientras comparten una comida, vilmente les asesinan tanto a él como a sus aliados.

Este relato ofrece una interesante reflexión sobre el liderazgo. Gedalías representa la cara opuesta de Saúl. Este pecó por ver enemigos donde no los había, al punto de llegar a tramar la muerte de un inocente (1 S 18.6-11; 19.1). Por el contrario, pese a todas sus buenas intenciones, Gedalías resultó no estar a la altura de las circunstancias, y su ingenuidad, o quizás su exceso de confianza, resultaron en su propia muerte, la de su gente, y una mayor desgracia sobre su comunidad.

Conflicto con Ismael (41.4-18)

Las tropelías de Ismael no concluyeron con el homicidio de Gedalías y su gente. Al día siguiente, cuando aún no se conocían estos hechos, comete otra atrocidad. Un contingente de peregrinos provenientes del norte llega a Mizpa de camino a Jerusalén. Es difícil saber cómo es que continúa el sistema ritual judío ahora que el templo está en ruinas, pero este texto revela que se siguen haciendo ofrendas en el lugar. De hecho esta gente se dirige hacia ahí, y por sus señales de luto —barba rapada, las ropas rasgadas y llenos de rasguños (41.6)— probablemente desean expresar sus condolencias y su solidaridad ante la tragedia.

Enterado sobre el arribo de este grupo, Ismael con toda premeditación teje una trampa en su contra, les engaña maliciosamente, y luego, junto a sus secuaces, les mata y arroja sus cadáveres en una cisterna. Solo dejan con vida a diez hombres que les sobornan con la promesa de víveres. No se saben las razones para tal barbarie. Seguramente se haya querido ocultar el asesinato de Gedalías por espacio de tiempo suficiente como para conseguir escapar a territorio amonita. Así y todo, los hechos le exponen en toda su bajeza. Perpetradas estas muertes, toma cautiva a toda la gente de Mizpa —entre quienes, seguramente, se encuentra Jeremías— e inicia su huida.

La historia no tiene un final feliz. Resulta que Johanán —aquel que había advertido a Gedalías sobre el complot contra su vida, y que no está en Mizpa cuando se producen todos estos homicidios— se entera de lo ocurrido y sale con sus hombres a perseguir a Ismael. Consigue alcanzarle en Gabaón, pero este y ocho de sus aliados logran escapar a Amón, dejando atrás a sus rehenes. Así Johanán libera a esta gente pero, atemorizado ante una represalia caldea, resuelve instalarse con todo el grupo en «Gerut-quimam, que está cerca de Belén, con el fin de continuar su camino hasta entrar en Egipto» (41.17).

Conflicto con Johanán (42.1–43.7)

La narración ahora se enfoca en la comunidad sobreviviente de las tragedias relatadas en los capítulos anteriores y Jeremías vuelve a la escena de los acontecimientos. Johanán está organizando a la gente para escapar a Egipto, seguramente convencido de que es la única alternativa que tienen tras el asesinato de Gedalías y la esperada represalia caldea. Sin embargo, antes de continuar su viaje, el grupo resuelve consultar a Dios sobre su decisión y su futuro por medio del profeta, asumiendo el compromiso de obedecer a sus palabras.

Resulta muy interesante notar que pasan diez días antes que el anatotita comunique su mensaje (42.7). Con todas sus convicciones personales, seguramente él se resista a la idea de huir a territorio egipcio. ¡El «hombre» hubiera dicho inmediatamente que no! Pero el «siervo» busca el consejo divino y espera la certeza de la voz de Dios. Recién entonces da la respuesta, que consta de dos partes. La primera de ellas contesta al ruego de la gente (42.9-12). Deben quedarse en su tierra y no temer las represalias de Babilonia. La palabra incluye promesas condicionales: «Si permanecéis quietos en esta tierra, os edificaré y no os destruiré; os plantaré y no os arrancaré, porque estoy arrepentido del mal que os he hecho» (42.10; sobre la cuestión del «arrepentimiento» de Dios, véase el comentario a 26.3). Este pequeño «remanente» tiene la oportunidad histórica de arrepentirse, de «escuchar» —«obedecer»— al Señor y experimentar el milagro de la restauración —expresado aquí una vez más en los mismos términos positivos del llamamiento de Jeremías: «edificar» y «plantar» (1.10).

La segunda parte de la respuesta de Jeremías contiene una severa advertencia en caso de desobedecer al consejo divino (42.9-22). Escapar a Egipto sería continuar en rebeldía, y ello les conducirá a una muerte segura. El texto deja en evidencia que, pese al aparente interés por consultar a Yahvé, el grupo ya había tomado la decisión de huir de Judá (42.18). Sin embargo se les repite la respuesta divina sin ambigüedad alguna: «No vayáis a Egipto. Sabed ciertamente que os lo advierto hoy» (42.19). De irse, les esperan los males que más temen y de los que están procurando escapar: «espada... hambre y... peste» (42.22).

A continuación de este anuncio, se describe la reacción de Johanán, de los restantes líderes, llamados aquí «todos los hombres soberbios» (43.2), y del conjunto del pueblo (43.1-7). Con total descaro acusan a Jeremías de mentiroso y a Baruc de instigarle en su contra. Esta presunción ratifica el hecho de que en toda esta historia Baruc no es un simple secretario del profeta, sino que tiene un papel activo en lo político y en lo religioso. Seguramente su apoyo a Jeremías contra la ideología dominante y a favor de someterse a Babilonia haga que muchos le vean como traidor. De hecho, esta es la sospecha que ahora se hace explícita y que sirve de excusa para desoír al profeta.

Así, el relato concluye con la decisión «rebelde» de partir rumbo a Egipto. La medida es de una contundencia tal que Johanán y sus capitanes parten con toda la población que había sido dejada en Judá y todas las personas que habían regresado de las naciones vecinas al inicio del gobierno de Gedalías. Y más aún: para nuestra sorpresa se incluyen en el contingente a Jeremías y a Baruc. Hay distintas interpretaciones sobre este hecho. La presunción más obvia es pensar que fueron llevados contra su voluntad, tal vez con la intención de tenerles como rehenes en caso de una persecución caldea. Otra alternativa sería entender la determinación de ambos como una muestra de fidelidad hacia su propio pueblo —aun a pesar de su desobediencia— estando plenamente concientes de los sufrimientos que se les avecinan. Como sea, este relato concluye con la llegada del grupo a Tafnes, una ciudad de la frontera oriental egipcia.

Este episodio tiene profundas raíces en la historia de Israel. La nación misma se consolidó como tal saliendo de Egipto, bajo el liderazgo de Moisés. Era una comunidad desobediente, pero pese a ello Yahvé les introdujo en la tierra de la promesa. Casi siete siglos más tarde, esta gente es más rebelde que sus ancestros, ha abandonado su territorio y está de regreso en el país de su esclavitud.

En Egipto (43.8–44.30)

A pesar de estar en territorio egipcio, en abierta oposición al consejo divino, Dios vuelve a hablar allí con Jeremías y le encomienda dos mensajes. El primero se basa en un nuevo acto simbólico que el profeta debe realizar a la vista de toda la comunidad judaica (43.8-13). Tiene que tomar unas piedras y enterrarlas bajo el pavimento que recubre los cimientos del palacio de Tafnes —aparentemente, la residencia del gobernador, usada por el faraón en sus visitas al lugar. El profeta realiza esta acción y la acompaña de un oráculo divino que interpreta la dramatización. Nabucodonosor va a extender sus dominios sobre el mismísimo lugar donde ha puesto las piedras. Conquistará Egipto, y tal como ha hecho en Judá, destruirá sus lugares de culto y también de allí se llevará cautivos. El hecho de proclamar esta profecía ante sus compatriotas parece tener un claro objetivo, que no es otro que la reafirmación de la soberanía divina sobre todas las naciones, y especialmente sobre su pueblo. Yahvé había determinado ponerles bajo dominio caldeo, y esto ocurrirá indefectiblemente. Los cautivos ya están bajo su imperio, y más tarde o más temprano, este grupo también lo estará. Nadie puede escapar de la voluntad de Dios, y cuanto más se resista a ella, peores serán las consecuencias.

La segunda palabra profética de Jeremías está dirigida a la comunidad judía radicada en Egipto (44.1-30). Esta palabra de divide en tres partes. La primera es una denuncia contra las prácticas paganas (44.1-14). Se hace un recuento de la desgracia que ha sobrevenido sobre Judá, reafirmando que ha sido consecuencia de la maldad y de la idolatría en la que ha incurrido este pueblo a lo largo de su historia. Pese a ello, el grupo judío que está en Egipto no ha aprendido la lección, y ahora está involucrado en la adoración a las falsas deidades. Por su obstinada rebeldía, el profeta le anuncia que será destruido, y que no volverá a habitar la tierra de la promesa, con excepción de «algunos fugitivos» (44.14). Esta cláusula es por demás curiosa en un contexto de juicio tan drástico. Hay quienes creen que se trata de una glosa introducida posteriormente para justificar el regreso de sobrevivientes desde Egipto. También es posible que estos «fugitivos» tengan la función de ser un remanente dentro del remanente, que sirva de testimonio del cumplimiento de las profecías de Jeremías, y que su pequeño tamaño sirve de contraste ante el destino trágico de la mayoría.

La segunda parte contiene la respuesta del grupo ante las palabras de Jeremías y un nuevo juicio de Dios en su contra (44.15-19). Estos versículos muestran la realidad espiritual de la comunidad judía en Egipto. Practican el culto a «la reina del cielo» (44.17) —posiblemente se trate de Asera, una diosa asirio-babilónica también venerada en Egipto (véase 9.14). Resulta sumamente interesante escuchar sus argumentos. La razón por la que siguen este culto es que le atribuyen su actual bienestar. ¡Cuántas personas tienen pensamientos tan superficiales como este, y organizan sus lealtades religiosas en favor de quienes parecen proveerles de una mayor prosperidad! De aquí que contesten a Jeremías con una rebeldía categórica: «No escucharemos de ti la palabra que nos has hablado en nombre de Jehová...» (44.16). Esta afirmación no es ni más ni menos que la misma de sus antepasados: «no obedeceremos».

Ante estos dichos, el anatotita declara su mensaje final (44.20-30). No se toma el trabajo de rebatir los argumentos de esta comunidad idólatra. En cambio, reitera sus convicciones centradas en la teología deuteronómica. Su «infidelidad» espiritual les acarreará las maldiciones del pacto. «Porque yo vigilo sobre ellos para mal y no para bien» dice el Señor (44.27). La soberanía divina está en cualquier territorio y por sobre las falsas deidades, y esta gente va a experimentar las consecuencias de su maldad. Como prueba de esto, Jeremías les ofrece una señal: la muerte del faraón Hofra en manos de sus enemigos. La historia cuenta que unos años después hay una revuelta y una facción opositora al rey proclama a otro faraón. Ambos grupos se enfrentan en una batalla en 566 a. C., en la que Hofra perdió la vida. No se sabe si Jeremías vivió lo suficiente como para tener conocimiento de este hecho, pero hasta nuestros días es un testimonio más de que Jeremías era verdadero profeta de Yahvé.

Este pasaje concluye con la reivindicación de Jeremías, pero sobre todo con la reivindicación del Señor. ¿Quiénes siguen hoy a «la reina del cielo»? ¿Cuánto les duró a los exiliados en Egipto su tan valorada prosperidad? Los siglos han pasado, y aun en nuestros días hay un pueblo que proclama que Yahvé es el único Dios verdadero «que está sentado en el trono… [y] que vive por los siglos de los siglos…» (Ap 4.9)

Mensaje a Baruc (45.1-5)

El último capítulo de esta sección es muy breve y contiene una profecía dada por Jeremías a Baruc. Este episodio sucede antes de la caída de Jerusalén (pues no sigue un orden cronológico con los textos anteriores) durante el reinado de Joacim, en el año 605 a. C. Sin dudas está relacionado con los hechos narrados en torno a su participación en la escritura del rollo con las profecías del anatotita (36.1-32). A la luz de aquel relato, es obvio que Baruc corre un gran peligro (36.19), y resulta sencillo interpretar la angustia que hay sus palabras en aquel contexto: «¡Ay de mí ahora!, porque ha añadido Jehová tristeza a mi dolor. Fatigado estoy de gemir, y no he hallado descanso» (45.3). Sus dichos se asemejan a las «confesiones» de Jeremías, y así como aquellas, también son un testimonio del costo que asumen quienes se adhieren a un compromiso tan radical con el Señor en medio de una comunidad hostil.

Se ha discutido sobre las razones para incluir aquí esta perícopa. Tal vez la respuesta se halle en las palabras que le anuncia Jeremías a Baruc. La tragedia que viene sobre Judá será de una magnitud tal que debe darse por contento de no morir en ella. La única recompensa que puede esperar por su fidelidad es que su vida le será dada por «botín» (45.5; véase 39.18). Imprevistamente, después de sucedido todo lo predicho sobre Judá y Jerusalén, Baruc se encuentra entre los exiliados en Egipto. Los anuncios que allá proclama Jeremías siguen siendo devastadores para sus compatriotas, pero a Baruc le sobran evidencias de que el anatotita es un verdadero profeta de Yahvé, por lo que puede permanecer confiado de que Señor preservará su vida, en cualquier lugar adonde vaya.

Capítulo 8

Mensajes contra las naciones extranjeras (Jer 46.1–51.64)

Esta sección recoge las profecías de Jeremías contra las naciones vecinas a Judá (46.1). Esta clase de colecciones encuentra paralelos en otros libros proféticos, tales como Isaías 13—23, Amós 1—2 y Ezequiel 25—32, mientras que otros textos veterotestamentarios solo desarrollan el tema de manera parcial: Abdías 1—21, contra Edom; Habacuc 2.6-19, contra Babilonia; Sofonías 2.4-15, contra varios pueblos. La importancia de estos oráculos radica fundamentalmente en su contribución teológica que afirma la soberanía de Dios sobre todas las naciones y sobre la historia, de modo tal que las juzga a todas y las usa para cumplir sus propósitos en ellas y a través de ellas.

Resulta interesante notar que este bloque consta de dos partes bien diferenciadas. En la primera de ellas (capítulos 46 a 49) Babilonia es el agente divino por medio del cual Dios ejerce su autoridad sobre los demás pueblos. En este sentido, muestra un contenido afín con lo que podría llamarse el pensamiento «probabilónico» de Jeremías. El ordenamiento de los reinos y estados contra los que se pronuncian los oráculos no es aleatorio. De hecho, comienza con un mensaje contra Egipto, la principal potencia contra los caldeos, en la cual gran parte de la comunidad judía confiaba pese a las advertencias del profeta. En la segunda parte de esta sección (capítulos 50 y 51) hay un giro en la cosmovisión política, y el anatotita profetiza exclusivamente contra los caldeos, anticipando el surgimiento del imperio persa como nuevo instrumento de la soberanía divina. La inclusión de estos discursos revela la sinceridad con la que Jeremías desarrolla su oficio y estas palabras serán una fuente de esperanza para la comunidad cautiva en Babilonia. Porque, finalmente, «Sión [recibirá] las noticias de la retribución de Jehová, nuestro Dios, de la venganza de su templo» (51.28).

Por último, en el contexto de esta obra, los oráculos contra los vecinos de Judá son una confirmación del llamamiento del anatotita, aun desde antes de nacer, de ser «profeta a las naciones» (1.5). Desde el comienzo de su ministerio Dios le ha anunciado que, por las palabras que pondría en su boca, Jeremías estaría «sobre naciones y sobre reinos, para arrancar y destruir, para arruinar y derribar, para edificar y plantar» (1.9-10).

Contra Egipto (46.2-28)

Las palabras de Jeremías contra Egipto son una compilación de tres oráculos a los que se suma una promesa para Judá. El primero de ellos (46.2-12) está fechado en el 605 a. C. y tiene como trasfondo histórico la derrota de esa nación por los caldeos en Carquemis (46.2). Unos años antes, el faraón Necao II había vencido a Judá en Meggidó, donde murió el rey Josías, adueñándose así del control sobre Palestina y Siria, pero su poderío duraría muy poco. Nabucodonosor comandará una campaña contra Egipto, triunfando e imponiéndose como la suprema potencia militar de su tiempo. Estos versículos contienen un lenguaje muy vívido sobre la batalla. En el comienzo se describe uno de los ejércitos preparado para el ataque, aunque se mantiene en suspenso su identidad. Sin embargo, la poesía da un giro sorpresivo y revela a esas tropas dominadas por el temor y con una actitud cobarde, retrocediendo y procurando huir. Recién entonces, en un clima de humillación, se devela que se trata de las milicias egipcias (46.8), a las que se contrasta con sus aliados mercenarios que parecen ser los únicos valientes en este bando (46.9). Inmediatamente se ofrece una interpretación teológica de las circunstancias: se trata de un «día de retribución» para Yahvé (46.10). No se especifican las razones de tal venganza, que pueden remontarse a los tiempos antiguos de la esclavización de Israel —antes del éxodo—, o a eventos más recientes, tales como la muerte del buen rey Josías y todas las intrigas de los egipcios para alimentar la rebeldía judía contra Babilonia, que los llevaría a la destrucción. Con un lenguaje más crudo la poesía avanza con metáforas sangrientas que tienen como fin declarar

Mensajes contra las naciones extranjeras

que el verdadero enemigo de Egipto no es el ejército caldeo, sino es el mismísimo Señor que está ejerciendo juicio en su contra (46.10).

El segundo oráculo (46.13-24) es algo más tardío que el anterior, y refleja el período en el cual, tras la victoria de Carquemis, Nabucodonosor comienza su avance sobre Egipto (46.13). Pese a la diferencia de contexto, el mensaje de estos versículos ratifica la concepción desarrollada en la porción anterior: la derrota egipcia tiene a Yahvé como responsable principal (46.15), quien es el poseedor de «la espada vencedora» (46.16). El verdadero enfrentamiento muestra, de un lado, al «faraón, rey de Egipto» (46.17), y del otro, al «Rey, cuyo nombre es Jehová de los ejércitos» (46.18), con la clara humillación del primero bajo el poderío del genuino Soberano.

La Septuaginta (texto griego de la Biblia Hebrea, también simbolizada con los números romanos LXX) ofrece una interpretación interesante de tal confrontación al transcribir, en lugar de «fortaleza» (46.15), «Apis», con lo que la pregunta quedaría formulada así: «¿Por qué ha sido derribado Apis?». Recuérdese que Apis era una deidad egipcia, representada con la imagen de un toro, al que se consideraba dios del Sol, de la fertilidad y regente del Nilo, y cuyo principal centro litúrgico se encontraba en Menfis (46.14). Si bien las principales versiones castellanas no han optado por esta traducción, el resto del pasaje hace alusiones más sutiles a ese culto, al referirse al propio Egipto como una «becerra» (46.20), y a sus soldados como «becerros engordados» (46.21). En el contexto de estos versos no cabe duda de que el enfrentamiento entre egipcios y caldeos; además de una lucha entre el farón y el Señor se interpreta en términos de una confrontación entre sus dioses Apis y Yahvé de los Ejércitos en la que el Dios de Israel resulta ser el gran vencedor.

La tercera profecía (46.25-26) no incluye referencias históricas concretas, por lo que se hace difícil darle fecha. Sin embargo, esta breve porción continúa en la misma línea teológica que las anteriores. La derrota de Egipto se comprende como una expresión del castigo divino, y los caldeos no son más que agentes de Dios para ejercer su justicia. «Los entregaré en manos de los que buscan su vida, en manos de Nabucodonosor, rey de Babilonia, y en manos de sus siervos...» (46.26), dice el Señor. Su punición tendrá tres destinatarios: los reyes, los dioses, y toda la nación que confía en ellos (46.25). De esta manera se reitera lo antedicho: el Señor vencerá al faraón y a las falsas deidades egipcias. En esta oportunidad el ídolo que se menciona es «Amón, dios de Tebas» (46.25). Este era representado con forma de un varón de piel negra o azul, algunas veces con dos grandes plumas de avestruz sobre la cabeza, o también con la imagen de un carnero. Se le consideraba señor de los vientos y estaba asociado con el poder creador del universo. Más tarde se le fusionó con el dios egipcio Ra, y como Amón-Ra se le tomó como el «rey de los dioses», y su culto alcanzó una amplia difusión geográfica. Esta referencia cumple la función de expresar y magnificar la derrota egipcia, que se extenderá de norte (Menfis y Tafnes, 46.14) a sur (Tebas, 46.25), y que significará la humillación de las deidades y de las estructuras de poder en las que el pueblo, erróneamente, ha colocado su confianza. No obstante, Egipto no será destruido por completo. Cuando se haya ejecutado el juicio divino, Dios permitirá su restablecimiento (46.26).

Por último, este capítulo incluye un mensaje sobre la restauración de Judá (46.27-28). Sorpresivamente, el capítulo cambia su foco, e inmediatamente a continuación de las palabras de esperanza para la nación egipcia se introduce una promesa para el pueblo judío. No es fácil determinar las razones de esta inserción aquí. Puede deberse a una interpretación política de que de alguna manera la debilitación de Egipto favorecerá, en el futuro, el retorno de los exiliados. También puede explicarse desde el punto de vista teológico, como una manifestación de que tanto la soberanía como la justicia de Dios alcanzan a todos los reinos, al igual que su inmensa misericordia.

Contra los filisteos (47.1-7)

Este capítulo, escrito en forma de poema y con un lenguaje sumamente vívido —al igual que el anterior— contiene un oráculo contra la nación filistea. Enemigos de Israel desde antaño (especialmente durante el período de los jueces y los reinados de Saúl y de David), los filisteos estaban organizados como una pentarquía, contando con cinco ciudades-estado, cada una gobernada por su propio príncipe: Asdod, Escalón, Gat, Ecrón y Gaza. Sus orígenes parecen remontarse a «Caftor» (47.4) —habitualmente identificada con Creta, aunque también podría tratarse de alguna otra isla en el Egeo— de donde arribaron a Canaán entre los siglos XII y XI a. C. Después de su derrota a manos de David, quedaron por momentos a merced de alianzas con otros reinos, y otras

Mensajes contra las naciones extranjeras

veces sometidos por las potencias de turno. Para el tiempo de Jeremías se trata de una nación de escaso poderío militar, pero con una ubicación estratégica para quien pretendiera dominar la región.

La tarea de determinar la fecha de esta profecía es compleja, especialmente por la indicación de su introducción que la ubica «antes que el faraón destruyera Gaza» (47.1). Esta referencia estaría apuntando a una fecha próxima a 609 a. C., cuando Necao avanzó hacia el norte en auxilio de Asiria, derrotando en su camino a Judá en Meggidó. Según este texto, sería posible que en esa campaña el faraón hubiera conquistado aquella ciudad filistea. El problema con esta interpretación es que el contenido de este oráculo señala a Babilonia («Suben aguas *del norte...*», 47.2), y no a Egipto como el agente de su ruina. Esto situaría la profecía unos años más tarde, después del 605 a. C., en el marco de la invasión caldea hacia el sur. Una manera de reconciliar esta aparente contradicción sería pensar que este mensaje fue anunciado antes de la avanzada egipcia, pero que Jeremías ya está anticipando la contraofensiva de Babilonia sobre la región.

El texto presenta otras dos curiosidades. La primera, de índole política, se encuentra en la mención de Filistea como aliada de Tiro y Sidón (47.4), importantes ciudades fenicias. Se desconoce la historicidad de tal sociedad, aunque la ubicación de ambas en la franja costera de la región las ponía en igual situación de amenaza, y por ende es probable que hayan existido intentos de ayuda mutua. La segunda, de naturaleza teológica, radica en el hecho de que no se mencionan las razones por las cuales Dios va a castigarles. Sin duda podemos inferir sus pecados por el conocimiento de su historia, marcada por la impiedad y la idolatría. La Biblia menciona específicamente las deidades a las que veneraban: Dagón, dios semita de las cosechas (Jue 16.23; 1 Sam 5.3-5; 1 Crón 10.10), Astarot, diosa cananea de la fertilidad y del amor (1 Sam 31.10), y Baal-zebub, aparentemente, el nombre peyorativo del dios cananeo de Ecrón, que se llamaría «Baal-zebul» o «el señor de la mansión/templo», pero que aquí se designa satíricamente «el señor de las moscas» (2 Re 1.2-6). Estos cultos se caracterizaron por la inmoralidad de sus rituales, que incluían la prostitución sagrada, excesos en la ingesta de alcohol y variadas prácticas orgiásticas. Seguramente, es por tales abominaciones y por sus muchas perversidades que Dios les condena y les anuncia su destrucción.

Como se dijera recientemente, esta profecía declara que los territorios filisteos serán asolados por Babilonia —aquí simbolizada como un río «del norte» que se desborda y arrasa todo lo que está a su paso (47.2). Sin embargo, al igual que en el oráculo contra Egipto, Jeremías deja en claro que el verdadero responsable de los sufrimientos que le sobrevendrán es Yahvé (47.4). Su «espada» no descansará hasta que se haya cumplido su juicio sobre cada una de una de las ciudades y sobre todos sus habitantes (47.6-7). Nada ni nadie puede ahora detener la mano del Señor contra Filistea.

Contra Moab (48.1-47)

Terminadas las palabras contra Filistea, la atención de Jeremías se desplaza geográficamente hacia el oeste, y ahora enuncia una profecía contra Moab. Esta era una nación vecina a Judá, al este del Mar Muerto. Desde antaño Israel manifestaba un profundo rechazo hacia ella, seguramente fundamentado en sus perversos orígenes. Según Génesis 19.30-38, Moab nació como fruto del engaño de Lot por parte de su hija mayor, quien le embriagó para tener relaciones sexuales incestuosas con él. Este niño luego se transformó en el padre de la nación moabita. A esto se agrega el hecho de que, cuando Israel salió de la esclavitud en Egipto, pasó por la tierra de Moab y su gente se negó a proveer a los hebreos de agua y alimento, y además contrató a un profeta para maldecirles (Dt 23.3-6). Después de que Israel se estableciera en Canaán, sus relaciones con Moab pasaron por diferentes momentos, algunos pacíficos y otros marcados por enfrentamientos militares, que culminaron en el sometimiento del pueblo moabita bajo el reinado de David (2 Sam 8.2; 1 Cr 18.2). Años más tarde, intentó rebelarse y fue nuevamente vencido por una alianza entre Israel, Judá y Edom (2 R 3.4-27). Hacia fines del siglo VIII quedó subyugado por Asiria, y sólo recuperó su independencia por un breve período tras la caída de aquel imperio ante la poderosa Babilonia. Sin embargo, en cuanto los caldeos o babilonios avanzaron hacia el sur, Moab fue conquistado por Nabucodonosor. Unos años después sufrió una arrasadora invasión árabe y posteriormente pasó al control de Persia. En el plano religioso, esta nación veneraba al dios Quemos (Nm 21.29), cuyos rituales incluían la abominable práctica de sacrificios humanos (2 R 3.26-27). Desde los días de Salomón hasta los

Mensajes contra las naciones extranjeras

de Josías, Quemos también fue adorado en Judá (1 R 11.7; 2 R 23.13), contaminando la fe y el culto yahvista.

El oráculo contra Moab presenta varias particularidades. La primera de ellas es su extensión. Con excepción del que se refiere a Babilonia, es el más prolongado de la sección. Esto es algo extraño considerando que Moab no es una potencia en tiempos de Jeremías. Tal vez tanta atención se deba a su maligna influencia religiosa sobre Israel y Judá —influencia duramente combatida por el anatotita (véase comentario a 19.1-15). La segunda peculiaridad radica en el hecho de que este mensaje es una colección de varias otras profecías que parecen tener contextos diferentes —lo que añade complejidad a su interpretación. Inclusive hay quienes sugieren que Jeremías toma algunos dichos de épocas anteriores y los adapta en esta compilación. Finalmente, este texto menciona algunos lugares geográficos cuya ubicación se desconoce, tales como Holón y Queriot (48.21, 24).

El tema central de este capítulo es el anuncio de la destrucción de Moab, que se avizora desde siete diferentes perspectivas. La primera de ellas anticipa su ruina y establece sus causas (48.1-9). Hay una enumeración de ciudades destruidas que parecen estar mencionadas por su orden geográfico, de norte a sur, lo que estaría marcando la dinámica de la avanzada caldea. ¡Todo es terror y quebrantamiento para Moab! Rápidamente Jeremías declara las razones de semejante tragedia. Su pecado radica en sus falsas seguridades. Confían en sus riquezas y en su dios Quemos, pero ninguno de ellos podrá evitarles el cautiverio (48.7). En esto su destino será semejante al de Judá, a quien también Jeremías ha acusado del mismo pecado (véase el comentario a 7.1-8.3).

En segundo lugar, hay un cambio de énfasis y el profeta señala la derrota moabita como el fin de su tranquilidad y de su indolencia (48.10-13). El núcleo de estos versos gira en torno a la imagen del vino. Se describe a Moab como una bebida que reposa quietamente en su vasija. Aunque su historia no parece tan calma, su ubicación la dejaba menos expuesta que a otras naciones. No obstante, es probable que lo que se quiera realzar no sea tanto una cuestión geopolítica, sino su actitud espiritual. Moab está marcada por la indiferencia y la desidia ante el testimonio de Yahvé. Recuérdese que sus orígenes se remontan a un hijo de Lot, pariente de Abraham, y que en su proximidad con Israel no desconoce las demandas de la fe yahvista. Sin embargo, nunca se ha conmovido ante el Señor y siempre le ha ignorado. Por ello, esta nación, que parece tan imperturbable, pronto será sacudida de su apatía por enemigos que «vaciarán sus vasijas y romperán sus odres» (48.12).

En tercer lugar se divisa el sufrimiento de Moab como resultado del castigo divino (48.14-20). Su quebrantamiento es obra del «Rey, cuyo nombre es Jehová de los ejércitos» (48.15). Esta aseveración ensalza la supremacía de Yahvé sobre Quemos y, como en el caso Egipto y Filistea, ofrece una interpretación teológica de la historia, en la que todo lo que sucede entre las naciones es una manifestación de la soberanía y de los planes divinos.

En cuarto lugar, se interpreta la caída de Moab desde la perspectiva de su relación con Yahvé y con Israel (48.21-28). En el primer caso, el oráculo declara específicamente que la nación moabita «contra Jehová se engrandeció» (48.26). En este sentido su actitud va más allá de la indiferencia (48.10-13) y se denuncia su orgulloso desafío contra el Señor. En el segundo aspecto, Jeremías acusa a Moab de burlarse de la desgracia de Israel (48.27). Resulta interesante considerar cómo Dios condena a quienes disfrutan de la tragedia ajena, aun cuando sea consecuencia de sus propios pecados (véase comentario a Lm 4.21-22). Por estas razones, Yahvé ha decretado dos juicios contra ella: su poderío militar será quebrantado (48.25) a tal punto que no habrá más esperanzas que la huida (48.28), y además sufrirá vergüenza y humillación, y experimentará en carne propia la mofa de otras naciones (48.26).

En quinto lugar, Jeremías señala otra de las razones por la que el Señor condena a Moab (48.29-34). ¡Es un país soberbio y orgulloso! Obsérvense las seis expresiones con las que se le caracteriza: «Hemos oído de la *soberbia* de Moab, que es muy *soberbio, arrogante, orgulloso, altivo* y *altanero* de corazón» (48.29). Al parecer el pueblo moabita tenía esta fama de jactancioso (Is 16.6; 25.10-12; Sof 2.8-10), y aquí no solo se le descubre en su falta, sino que se le castiga por ella. Para anunciar su punición, el profeta recurre a una combinación de imágenes en torno a la vid. Equiparándolos con un viñedo arrasado, se les anuncia que serán destruidos (48.32). Al mismo tiempo cesarán las exclamaciones de alegría propias del tiempo de la cosecha, y en su lugar se escucharán sus gritos de terror (48.34).

La sexta perspectiva contiene un lamento por la nación moabita (48.35-39). El mismo se da mediante una afirmación categórica de castigo puesta en labios del Señor mismo: «Exterminaré de Moab a quien sacrifique sobre los lugares altos y ofrezca incienso a sus dioses» (48.35); «yo quebranté a Moab como a una vasija inútil» (48.38). La tragedia que sobrevendrá sobre la nación moabita tiene su fundamento en el pecado y en el correspondiente juicio divino. No obstante ello, hay lugar para la endecha por el destino de este pueblo. ¡Cuánto más sencillo le hubiera sido escuchar a Yahvé! Ahora Dios «gime» (48.36 BA) al tener que ejecutar su sentencia.

En séptimo y último lugar expone una síntesis del juicio de Dios sobre Moab junto con una promesa de restauración (48.40-47). Se describe su ruina en términos de la destrucción de sus ciudades (48.41), del abatimiento de sus tropas (48.41), y de la extinción de la nación como tal (48.42). Moab será aniquilado y su gente será llevada al cautiverio (48.46). Implícitamente se reitera que Babilonia —aquí representada por un «águila» (48.40)— será el agente de su devastación, aunque vuelve a reafirmarse la interpretación teológica de tales sucesos señalando a Dios como su legítimo responsable (48.42-44). No obstante, tal como en el oráculo contra Egipto, este mensaje plagado de juicio y violencia concluye con una palabra de esperanza: Dios hará retornar a este pueblo de su cautiverio. No queda clara la referencia que ubica estos sucesos «al final de los tiempos» (48.47). Hay quienes la interpretan de una manera más histórica, como el cumplimiento del tiempo de su castigo. Por otra parte, otro grupo sugiere que se trata de una referencia escatológica, que bien podría contener una esperanza mesiánica. Por cierto, una perspectiva no invalida la otra, ya que en ambos casos queda manifestada la misericordia divina y su plena soberanía a lo largo de la historia y al final de ella.

Contra Amón (49.1-6)

Esta breve profecía está dirigida contra la nación amonita. Los orígenes de esta nación son semejantes a los de Moab, ya que Amón también nació de la relación incestuosa de una de las hijas de Lot —en este caso la menor— con su padre (Gn 19.30-38). En tiempos previos a la conquista, Dios ordenó específicamente a Moisés no tomar posesión de su territorio (Dt 2.19), de manera que al establecerse Israel en Canaán ambos se convirtieron en vecinos. Sin embargo, su convivencia no fue pacífica, y mantuvieron conflictos armados en el período de los jueces

Jeremías y Lamentaciones

(Jue 11.4-33) y durante los reinados de Saúl y David (1 S 11.1-11; 2 S 8.12, 2 S 10.1-19; 2 S 11.1). La situación cambió durante el gobierno de Salomón, quien estableció alianzas con Amón mediante acuerdos nupciales (1 R 11.1), introduciendo en Jerusalén el culto a su dios Milcom —también conocido como Moloc (1 R 11.4-8). Con la división del reino tras la muerte de Salomón, quien quedó en el trono de Judá fue Roboam I, nada menos que el hijo de Salomón con Naama, amonita (1 R 14.21). Con el auge del imperio asirio, Amón prosperó, aunque bajo vasallaje. Su independencia fue breve después de la caída asiria y duró hasta quedar sometido a Babilonia, quien se hizo del control de la región para el 605/604 a. C. La participación de su rey Baalis en el asesinato de Gedalías (40.13–41.15) fue severamente castigada por Nabucodonosor, quien en represalia arremetió contra la nación amonita. Años más tarde, su territorio sufrió invasiones de las tribus árabes, y en el siglo VI a. C. acabó desapareciendo como estado independiente.

Como se ha dicho, la principal deidad venerada en Amón era Moloc. Sus rituales incluían la aberrante práctica de sacrificar humanos en el fuego. En la ley mosaica Yahvé prohibió específicamente estos ritos y estableció la pena de muerte para quienes los realizaran (Lv 18.21; 20.2-5). Pese a esto Salomón introdujo este culto en Jerusalén, y lamentablemente desde entonces siempre tuvo adherentes entre el pueblo (32.35). El caso más emblemático es el del rey Acaz, quien entregó a su propio hijo para ser quemado en ofrenda a Moloc (2 R 16.3).

El oráculo de Jeremías está estructurado en dos partes seguidas de una conclusión. La primera de ellas incluye una denuncia contra Amón y el consecuente anuncio de su castigo (49.1-2). La sección comienza con tres preguntas retóricas que tienen como fin exponer que el pueblo amonita se había apropiado ilegítimamente de parte del territorio israelita —específicamente de las posesiones de la tribu de Gad. Estas tierras se situaban al este del río Jordán y al nordeste del mar Muerto (Jos 13.8, 24—29). En el año 734 a. C., Asiria invadió esa región y deportó a su población, ofreciéndole a Amón la situación propicia para ocupar la «heredad» (49.1) gadita. Por esta causa les sobrevendrá el castigo divino, que consistirá en la destrucción de su capital Rabá, donde actualmente se encuentra Amman, capital del Reino Hachemita de Jordania, y de todas sus ciudades. Curiosamente esta primera parte termina con una mención de un futuro dominio israelita sobre el territorio amonita, hecho que históricamente no se puede corroborar. No obstante es posible que Jeremías esté usando aquí un recurso literario para afirmar un principio que la Biblia establece en varias otras partes, que señala que «Dios no puede ser burlado, pues todo lo que el hombre siembre, eso también segará» (Gá 6.7; véase también Pr 22.8 y Os 8.7).

La segunda parte muestra un contenido semejante a la anterior. Presenta la acusación y el anuncio de su castigo, aunque el estilo literario es distinto y se introduce en tono de lamento (49.3-5). En esta oportunidad se le denuncia por su orgullo, por su rebeldía y por confiar falsamente en sus propios recursos. Por estos motivos el Señor hará que sus líderes y su aberrante dios Moloc vayan al cautiverio, que sus ciudades se conviertan en ruinas y que su población quede dispersa y totalmente desprotegida. Un aspecto que diferencia este oráculo de los anteriores está en el hecho de que aquí no se menciona, ni directa ni implícitamente, a Babilonia como instrumento de castigo. En cambio, se enfatiza que Yahvé, nuevamente designado como «el Señor, Jehová de los ejércitos» (49.5), será su autor y responsable.

Así como en los casos de Egipto y de Moab, la profecía cambia radicalmente de tono y concluye con una palabra de esperanza (49.6). En este caso, Jeremías declara su futuro retorno de la cautividad. Notablemente, el libro de Nehemías, que relata aspectos de la historia judía posexílica, menciona a Tobías «siervo amonita» (Neh 2.10, 19). Probablemente tal título se refiera a su posición como gobernador, lo que indirectamente da cuentas del retorno de algunos amonitas a la región, confirmando el cumplimiento de esta palabra de restauración.

Contra Edom (49.7-22)

Estos versos contienen un mensaje profético contra la nación edomita. También vecina de Judá en los tiempos de Jeremías, se situaba en la región conocida como Transjordania. Edom, de manera similar a Moab y Amón, también tiene vínculos de familia con Israel. En este caso, se trata de los descendientes de Esaú, hermano de Jacob (Gn 36.1). De la misma manera, pese a llevar la misma sangre, la relación entre estos dos hermanos fue conflictiva —recuérdese el engaño de que Jacob se valió con Esaú para quedarse con el derecho de la primogenitura (Gn 27.1-41)— y así también lo fue la de sus herederos. En el camino hacia

Jeremías y Lamentaciones

la conquista de Canaán, pese al gentil pedido de Israel, el pueblo edomita no le permitió pasar por su territorio (Nm 20.14-21). Desde entonces la Biblia no registra noticias sobre Edom hasta los días de Saúl, cuando este rey fue a la guerra contra Edom y le derrotó (1 S 14.47). Durante el reinado de David quedó bajo dominio israelita (2 S 8.14), despertando el odio de Hadad, príncipe edomita, quien intentó vengarse durante el gobierno de Salomón (1 R 11.14-22, 25). Aparentemente, Edom quedó por algún tiempo bajo la potestad de Judá, ya que se menciona que durante el reinado de Josafat aquel territorio tenía un gobernador judío (1 R 22.47). Al morir este rey, la nación edomita se rebeló contra Joram —el nuevo rey, hijo de Josafat— y consiguió su independencia (2 Cr 21.8-10). Al igual que sus vecinos, cuando el imperio asirio extendió su poderío sobre la región, quedó bajo su vasallaje. Años después también enfrentaron la amenaza caldea. En este contexto se produjo un incidente que resultará fatal para Edom. Durante la invasión de Judá por parte de Babilonia, el pueblo edomita no solo no le ofreció socorro alguno a Judá, sino que hizo alianza con Nabucodonosor en perjuicio de la población judía. Este hecho está fresco en la memoria de Jeremías, quien ahora tiene la oportunidad de profetizar contra Edom. Lo mismo hace el profeta Abdías, quien además expone una tras otra las iniquidades cometidas por Edom contra Judá (Abd 1—18).

Esta profecía presenta cuatro pequeñas unidades. En la primera de ellas se declaran las razones para el juicio de Dios (49.7-8). Al igual que en el oráculo contra Amón (49.1) este comienza con una serie de preguntas retóricas, aquí utilizadas para enfatizar el pecado de la soberbia de Edom y de su falsa confianza en su propia sabiduría (49.7). Esta referencia se apoya en una tradición antigua que le atribuía un alto desarrollo en los saberes de su tiempo, especialmente en relación con la ciudad de Temán (tradición que también está presente en el libro deuterocanónico de Baruc, 3.22). Sin embargo, ante el juicio divino sus conocimientos resultarían inútiles, y el pueblo se vería forzado a huir y buscar refugio para salvar sus vidas. La segunda parte anticipa la dimensión del juicio (49.9-11). Para ello Jeremías emplea dos metáforas: así como los vendimiadores no abandonan racimos sin recoger en la cosecha, ni los ladrones olvidan llevarse los objetos de valor, de igual manera Dios no dejará a nadie sin castigo. La contundencia de este anuncio parece contrastar con los dichos del versículo siguiente, en el que Yahvé promete cuidar al sector más frágil de la sociedad (49.11). Mirando esta unidad a la luz de la anterior, es probable que signifique que el juicio y la ruina total vendrán sobre la gente arrogante y altanera —sobre quienes se creen «valiosos» y «sabios»— mientras que las personas débiles y marginadas serán resguardadas del castigo. En la tercera sección Jeremías señala que el juicio es ineludible y describe algunas de sus consecuencias (49.12-18). Ni todos sus conocimientos ni el resguardo de su geografía —recuérdese que este pueblo acostumbraba morar en cuevas en las laderas de las montañas— podrán evitarle beber «la copa» (49.12) de la ira de Yahvé. Su tierra será invadida por ejércitos enemigos que la arrasarán hasta acabar con ella. La cuarta unidad se centra en el autor del juicio contra Edom (49.19-22). Todo lo que le sucederá es fruto de un «plan» (49.20) que Dios trazó soberanamente contra Edom por causa de su iniquidad. Aquí Jeremías retoma su interpretación teológica de la historia, para destacar la soberanía divina sobre las naciones. Lo que sucederá en Edom no será tan solo el fruto de juegos políticos y militares de las potencias de turno, sino la manifestación histórica del juicio del Señor sobre los pueblos. Este oráculo tuvo su cumplimiento años después, cuando el territorio edomita sufrió la invasión de las tribus árabes que obligaron al desplazamiento de su población hacia el norte de Judá —en la región que tomó el nombre de Idumea, que posteriormente fue incorporada a la nación judía.

Contra Siria (49.23-27)

En esta oportunidad nos encontramos ante un oráculo que, aunque en su introducción se refiere solo a Damasco, también menciona otras dos ciudades sirias, Hamat y Arfad, por lo que puede interpretarse como una profecía contra toda aquella nación (49.23).

El primer conflicto armado entre Israel y Siria se produjo bajo el reinado de David, quien consiguió someter al pueblo arameo (2 S 8.5-6; 10.6-19). Este dominio continuó durante el gobierno de Salomón (1 R 4.21), aunque este perdió el control de Damasco (1 R 11.23-25). Tras su muerte y la división de los reinos, Siria consiguió recuperar su autonomía, para perderla, primero, en manos de Asiria; luego, de Babilonia; posteriormente, de Persia, y más tarde, de Grecia. Tras un período de auge en el tiempo de los Seléucidas, quedó nuevamente bajo dominio extranjero, siendo anexada al imperio romano por Pompeyo.

En tiempos neotestamentarios, Siria tuvo un papel muy importante para el avance del evangelio. Fue en una de sus ciudades, Antioquía, donde se predicó por primera vez a personas gentiles, surgiendo así la primera congregación cristiana mixta (Hch 11.9-24). Y fue en aquel mismo lugar donde se comenzó a identificar a quienes seguían a Jesús con el nombre de «cristianos» (Hch 11.26).

Volviendo a los tiempos de Jeremías, estamos aquí ante una profecía de juicio contra Siria. De manera similar al oráculo contra Filistea (47.1-7), en este tampoco se explicitan las razones para su condena, y en este caso es más complejo inferirlas. Tal vez pudiera relacionarse con su hostilidad contra Judá (Is 7.2-9), principalmente manifestada en su participación como aliada de Babilonia durante la invasión de Judá (2 R 24.2). Sin embargo, también es posible que el pueblo arameo sea culpable de pecados muy semejantes a los de sus vecinos. De hecho, era tan idólatra como el resto. En su caso, su deidad principal era Hadad —«el poderoso»— antiguo dios semita de la tormenta, considerado como la cabeza del panteón de dioses, al que posteriormente se le dio el nombre de Baal —«señor». En este sentido, Siria también es responsable ante Dios por su paganismo y por la práctica de rituales religiosos aberrantes y perversos.

Examinando el texto, la imagen que predomina en estos versículos muestra el contraste entre la alegría y el esplendor experimentados en sus ciudades y su futuro marcado por el temor, la angustia, el dolor, la muerte y la destrucción. Este cambio de suerte es consecuencia del designio de «Jehová de los ejércitos» (49.26), que castigará a la nación siria y «consumirá las casas de Ben-adad» (49.27). Este último es el nombre de varios reyes arameos y su inclusión aquí señala el triunfo de la autoridad del Señor por sobre la de sus monarcas. Considerando que además de un nombre propio, Ben-adad significa «hijo de Hadad» —su venerada deidad— este juego de palabras acentúa la soberanía divina y el lugar de Yahvé como único y supremo Dios de la historia y de las naciones —el tema central y clave de toda esta sección.

Contra las tribus árabes (49.28-33)

En esta oportunidad Jeremías anuncia una profecía «acerca de Cedar y de los reinos de Hazor» (49.28). Cedar fue uno de los hijos de Ismael (Gn

Mensajes contra las naciones extranjeras

25.13), de quien luego tomó nombre una importante tribu beduina que se ubicaba en el desierto de Siria, al este de Palestina. Su estilo de vida nómada les convertía en un peligro para las ciudades de la región, ya que muchas veces las atacaban para apoderarse de alimento, ganado y otros bienes. Según menciones veterotestamentarias, este pueblo se dedicaba a la cría de animales (49.29, 32; Is 60.7) y al comercio con Fenicia (Ez 27.21), y era famoso por su habilidad con el arco (Is 21.17). En cuanto a «los reinos de Hazor» (49.8), la referencia es más difícil de identificar. En este caso no se trata de la famosa ciudad del norte de Palestina (Jos 11.1-5), sino que parece tratarse de otra tribu árabe que habitaba en la región desértica al este del Jordán y al norte de Arabia. Probablemente el nombre correcto es *Haser* y no *Hazor*, ya que Isaías usa el primer término, en su forma plural, para referirse a pequeñas aldeas sin amurallar (Is 42.11; véase 49.31), como las que podría haber establecido este grupo de vida semi-nómada. El control de estos grupos siempre había sido complicado, incluso para las grandes potencias como Asiria y la mismísima Babilonia. De hecho, un año antes de la caída de Jerusalén, Nabucodonosor organizó una campaña contra las tribus árabes que bien puede ser el contexto de este mensaje (49.28).

El oráculo contra Cedar y Hazor contiene tres conjuntos de dichos presentados en forma intercalada. En primer lugar, un par de ellos se enfoca en la convocatoria del Señor a Caldea para que se levante en armas contra las tribus árabes (49.28, 31). Estos versículos cumplen la función de realzar el papel de Babilonia como agente del juicio divino sobre los pueblos de la región, y sobre todo la soberanía de Yahvé sobre la historia y sobre todas las naciones. En segundo lugar se encuentra el llamado a esta gente a que huya para salvar sus vidas (49.30). Aunque se trata de un pueblo aguerrido y peleador, su mejor opción no es presentar combate sino escapar, «porque Nabucodonosor, rey de Babilonia, tomó consejo contra vosotros y contra vosotros ha preparado un plan» (49.30). Finalmente, esta profecía contiene un conjunto de expresiones que describen los alcances de la destrucción (49.29, 32-33). Considerando su estilo de vida, estos versos anticipan que las tribus lo perderán todo: sus ganados, que representan su fuente de riqueza y de supervivencia; sus tiendas, es decir, sus «casas», su refugio; y sus camellos, medios de transporte para el comercio y para su seguridad. El juicio de Dios se desatará sobre este pueblo, que experimentará en carne propia lo que él mismo hizo muchas veces contra otras naciones.

Contra Elam (49.34-39)

Los siguientes versículos contienen la «Palabra de Jehová que vino al profeta Jeremías acerca de Elam, al comienzo del reinado de Sedequías, rey de Judá» (49.34). Esta introducción define la naturaleza profética del mensaje, su destinatario y su fecha. Elam fue una nación que tuvo mucha importancia en la política de la región. Sus orígenes parecen remontarse a uno de los hijos de Sem (Gn 10. 22; 1 Cr 1.17), cuyos descendientes se establecieron al este de Babilonia, situando su capital en Susa, al menos desde los tiempos de Abraham. Pese a su famosa habilidad con el arco (49.35; Is 22.6), para el año 640 a. C. fueron conquistados por el emperador asirio Asurbanipal y recuperaron su independencia recién cuando Asiria cayó en manos caldeas. Su autonomía duró muy poco, ya que entre 596 y 594 a. C. Elam fue sometido por Nabucodonosor, pasando luego del control babilónico al dominio persa.

En cuanto a la fecha de estas palabras, el texto las ubica «al comienzo del reinado de Sedequías, rey de Judá» (29.34), lo que corresponde al 597 a. C. —el mismo año en que Nabucodonosor conquistó Jerusalén. Considerando lo antedicho sobre la derrota elamita en manos caldeas para 596-594 a. C., la profecía de Jeremías anticipó un evento que se cumplió en breve tiempo.

Literariamente, el oráculo contra Elam presenta una estructura sencilla que contiene fundamentalmente dos mensajes. El primero de ellos —y el más extenso— anuncia la destrucción de esta nación (49.35-38). Estos versículos presentan dos particularidades. Por un lado, no se hace mención concreta sobre el agente que Dios usará para su castigo. Su contexto y nuestro conocimiento de los acontecimientos nos permiten inferir que se trata de Babilonia, pero no deja de ser llamativa la total ausencia de referencias históricas. Al mismo tiempo, todos los dichos están pronunciados en primera persona, siendo Yahvé quien habla. De esta manera, Jeremías reitera su énfasis teológico en la interpretación de la historia, declarando que la conquista de Elam es resultado del juicio divino sobre este pueblo. Por otra parte, como en algunos otros casos (47.1-7; 49.23-27; 49.28-33), no hay aquí una enunciación de los pecados

Mensajes contra las naciones extranjeras

por los que se le culpa ni de las razones para su condena. El segundo mensaje contiene una palabra de esperanza (49.39). Vendrán tiempos en los que el mismo Señor restaurará la suerte de esta gente (véase también 46.26; 48.47; 49.6).

Contra Babilonia (50.1–51.64)

Los dos últimos capítulos de esta sección tratan sobre Babilonia (50.1). Se trata de una colección de oráculos —probablemente pronunciados en distintos momentos— que se han compilado para formar esta unidad. Si bien el texto no hace mención de su fecha, la ausencia de toda mención del imperio persa y el hecho de que Nabucodonosor aún vive hacen presumir que es anterior a 562 a. C. —fecha de la muerte de este último. En cuanto a su mensaje, tal como se ha comentado en la introducción a este bloque, se presenta aquí un cambio profundo en la visión política que ha venido sosteniendo Jeremías, para anunciar ahora que Babilonia —la nación agente del castigo divino sobre la región, y sobre la misma Judá— también experimentará el juicio de Dios por sus propias maldades. Porque finalmente, la soberanía sobre todo pueblo y sobre toda potencia es del Señor, y tal como lo señala su propia Ley, «Jehová... es Dios de dioses y Señor de señores, Dios grande, poderoso y temible, que no hace acepción de personas...» (Dt 10.17).

La importante extensión de este oráculo hace necesario su análisis subdividiéndolo en seis porciones. La primera de ellas resume los conceptos que se irán desarrollando a lo largo de toda esta profecía, y se centra en el anuncio de la caída de Babilonia juntamente con la vindicación de Judá (50.2-20). Sobre el primero de sus temas, se destacan tres cuestiones, que son fundamentales en este mensaje: una de índole política y dos de naturaleza religiosa. En el primer caso, se declara que la ruina de Babilonia será producida por «una nación del norte» (50.3). Recuérdese que tanto en las profecías contra Judá y Jerusalén, como en varios de los oráculos contra las naciones, esa imagen se usa para referirse al pueblo caldeo (1.13-15; 4.6; 6.1, 22; 10.22; 13.20; 15.12; 25.9; 46.20, 24; 47.2), pero ahora Jeremías declara que habrá otra «nación del norte» (50.3) que dominará a la mismísima Babilonia, en lo que puede ser tan solo una frase que simboliza el levantamiento de una potencia opuesta a su dominio hegemónico, o puede ser también un anticipo del surgimiento del imperio persa. En el aspecto religioso, dos asuntos adquieren relevancia. El primero de ellos es la mención explícita de la incapacidad de «Bel» o «Merodac» (50.2) de detener el castigo. «Bel» (que significa «señor») y «Merodac» (o «Marduk», que quiere decir «rey de los dioses») son dos nombres que se refieren a un mismo ídolo que era la versión de Baal, venerado en Babilonia. En este sentido, hay un juicio implícito a la nación caldea por su idolatría. Caerá sin que su dios pueda impedirlo, y aun su estatua será destrozada por sus enemigos. En segundo lugar está la interpretación de Jeremías según la cual finalmente será Yahvé quien castigará a la nación caldea en «venganza» (50.15) por sus abusos contra Judá (50.11). En torno a esta referencia se encuentran los dichos que declaran que la caída de Babilonia marcará el inicio de la restauración de «los hijos de Israel...y [de] los hijos de Judá» (50.4). Dios intervendrá en la historia para hacerles regresar del cautiverio (50.19), y así recomenzar una nueva relación de pacto, a partir del perdón de todos sus pecados (50.20)

El segundo fragmento tiene como tema central el juicio divino sobre Babilonia (50.21-46). Este será ejecutado por manos de un enemigo no identificado, pero que actúa por mandato de Yahvé (50.21). Así resurge un tema teológico central de Jeremías: la soberanía divina sobre las naciones. Dios gobierna sobre la historia para hacer cumplir su voluntad. Y así como en un tiempo utilizó a Caldea para concretar sus propósitos, ahora llegará el momento en el que esta recibirá la condena por sus propias iniquidades (50.24; 31—33), y experimentará en carne propia el sufrimiento que otrora causó en otros pueblos (50.29). Entre tanto, vuelve a repetirse el concepto de «venganza» —en este caso, vinculada a la destrucción del templo de Jerusalén (50.28)— que significará simultáneamente tanto el quebrantamiento caldeo como la restauración del pueblo judío (50.34). Tal «venganza» será ejecutada por medio de la «espada» (50.35-37), que destruirá todo lo que es importante para esa nación: su gente, sus líderes políticos y religiosos, sus guerreros, sus riquezas y sus «ídolos grotescos» (50.38). Su aniquilación será de una magnitud tal que la hará semejante al destino de sufrido por Sodoma y Gomorra (50.40). Con esta metáfora Jeremías introduce una descripción más dramática de la tragedia que vivirá la nación caldea. Curiosamente, para ello utiliza palabras prácticamente idénticas a las antes empleadas contra Judá y contra Edom (véase la semejanza entre 50.41-43 y

Mensajes contra las naciones extranjeras

6.22-24, y entre 50.44-46 y 49.19-21), solo que ahora Babilonia cambia drásticamente de ser el agente del juicio a ser su objeto y a ser el pueblo condenado. Esto no sucede por simple azar, sino que es el resultado de un «plan que Jehová ha acordado contra Babilonia, y [de] las decisiones que ha tomado contra la tierra de los caldeos» (50.45).

La tercera porción reitera el anuncio del juicio sobre la nación babilónica, concentrándose en sus razones (51.1-26). Sus sufrimientos vendrán de parte de Yahvé y se instrumentarán por medio de otra nación como su agente histórico (51.1-4). Aunque en estos primeros versículos vuelve a ocultase la identidad de esa nación, a lo largo del texto hay una referencia que apunta al imperio medo-persa (51.11). Lo que ocurrirá responde a la soberanía divina y se adecuará a lo que Dios «planeó y va a poner por obra» (51.12). Junto a estas expresiones, se establece la principal causa que hace a Babilonia merecedora de su punición. Babilonia es culpable de haber abusado de Judá. Por tercera vez —véase que este concepto esta presente en los dos bloques previos— se resalta la idea de la «venganza» (51.6, 11) del Señor. Aquí se añade una imagen muy cercana a la de la fe de Israel al retomar la metáfora de su matrimonio con Yahvé. Pese a todas las infidelidades, Dios no se ha olvidado de su «esposa», y los suyos «no han enviudado de su Dios, Jehová de los ejércitos» (51.5).

Tal vez conmovido por esta revelación de la misericordia divina, y ante las evidencias del poder de Dios sobre las falsas deidades, Jeremías decide incluir en el centro de esta unidad un himno de alabanza a Dios (51.15-19) (Nótese su semejanza con 10.12-16, y véase el comentario sobre ese texto). A este himno le siguen otras palabras de juicio —en forma de poesía— que contraponen el papel que ha tenido Babilonia como agente de la soberanía divina (51.20-23), con su futuro lugar como nación juzgada y condenada por su propia iniquidad (51.24-26).

La cuarta unidad se centra en la actuación de las naciones contra Babilonia (51.27-33). Este oráculo es breve, pero su contenido reafirma uno de los temas claves de la sección, como lo es el de la mudanza del destino de las naciones detrás de la cual está el designio supremo de Yahvé. Así como en un tiempo Dios escogió a Caldea para ejercer su justicia en la región, ahora ha llegado el turno de juzgarla a ella, y ha sido hallada culpable. Por ende, también experimentará la visita del Señor, quien levantará a otras naciones para cumplir sus propósitos en la historia.

Jeremías y Lamentaciones

En quinto lugar, se encuentra un segmento que relata la destrucción de Babilonia, presentando simultáneamente estos hechos desde la perspectiva de Judá (51.34-58). Notablemente, sus primeros versículos están escritos en primera persona, siendo Jerusalén la que habla de sus inmensos sufrimientos experimentados durante el ataque de Nabucodonosor. Sobre esta base, presenta su reclamo ante el Señor para que le pague a Babilonia con la misma moneda. La respuesta de Yahvé complace este pedido, y en su enunciación vuelve a recurrir a la «venganza» (51.36) como el eje del inminente castigo divino sobre aquella nación. Sin dudas, este concepto que tanto se enfatiza en estos capítulos será de vital importancia para la comunidad en el exilio, porque no solo ofrece una expectativa en términos de «justicia», sino que también implica la restauración de su pacto con Dios y la recuperación de su identidad como pueblo de Yahvé, toda vez que Dios vuelve a manifestarse de su parte (51.49-53, 56).

Para describir la ruina de Babilonia Jeremías recurre a un lenguaje cargado de imágenes y metáforas. Entre ellas resulta sumamente vívida la que compara a la población caldea con «leones... [y] cachorros de leones» (51.38), que tras la visitación del Señor se convertirán en «corderos» (51.40) que van a directo al matadero. Así de radical será la mudanza de su destino. El imperio que asoló y se apoderó de la región será «un objeto de espanto entre las naciones» (51.41). Su desastre también expondrá el fracaso de su religión y la autoridad divina por sobre sus falsos dioses (51.44, 47).

El oráculo contra Babilonia concluye con una sexta y última unidad que narra la ejecución de una acción simbólica (51.59-64). El texto especifica que este hecho transcurre en el cuarto año de Sedequías (lo que corresponde a 594/3 a. C.), en una ocasión en la que el rey de Judá se dirige a Babilonia junto con una comitiva, entre las que se halla Seraías, hermano de Baruc (51.59; 32.12). Es muy factible que esta travesía se deba al complot que se organizara en Jerusalén contra los caldeos y que fuera descubierto por Nabucodonosor, ante el cual las autoridades judías están obligadas a darle explicaciones al emperador. Entonces, Jeremías aprovecha para entregar a Seraías un escrito propio en el que declara «todo el mal que había de venir sobre Babilonia» (51.60). Este deberá ser leído en aquella ciudad, probablemente ante la comunidad judía en el exilio. Aunque no se conserva una copia de aquel documento, se

Mensajes contra las naciones extranjeras

puede presumir que tal vez contuviera parte del material presente en estos dos capítulos (50-51), u otro con un contenido muy semejante. El anatotita también pide a Seraías que, acabada su lectura, realice un acto simbólico: debe atar el libro a una piedra y echarlo en medio del Éufrates. Seguidamente debe explicitar su significado con el siguiente anuncio: «Así se hundirá Babilonia, y no se levantará del mal que yo traigo sobre ella. ¡Caerán rendidos!» (51.64).

Dos cuestiones se destacan de este interesante final. La primera tiene que ver con el papel de Seraías en este acto. Hay cuestiones paralelas entre él y su hermano Baruc, una vez que ambos son leales a Jeremías y portadores de sus escritos. Además, estos dos hombres arriesgan su vida por comunicar los mensajes del profeta —hecho explicitado en el caso de Baruc (36.19), e implícito en la situación de Seraías, quien debe anunciar la ruina caldea nada menos que en la misma Babilonia. Pese a estas semejanzas, estos hermanos representan dos mensajes totalmente opuestos, pero complementarios a la luz de la interpretación teológica de la historia. Mientras que Baruc está involucrado en palabras contra Judá, en las que se reconoce a Babilonia como instrumento de la justicia divina, ahora Seraías queda vinculado a los oráculos contra Caldea, que simultáneamente serán una fuente de esperanza para el remanente judío durante su cautiverio.

El segundo aspecto relevante de esta conclusión, que pone punto final a «las palabras de Jeremías» (51.64), es precisamente su tono esperanzador. Prácticamente a lo largo de todo su texto el profeta ha hablado contra Judá y parecen reflejar una ideología probabilónica. Sin embargo, sus últimos dichos reivindican a Judá como objeto de la misericordia de Yahvé, mientras se anticipa su «venganza» sobre Caldea. De esta manera Jeremías demuestra que lo suyo no es una cuestión de simpatías políticas por el imperio, sino de su profunda comprensión teológica del obrar de Dios en la historia, y de su fidelidad a quien le puso «sobre naciones y sobre reinos, para arrancar y destruir, para arruinar y derribar, para edificar y plantar» (1.10).

Capítulo 9

Narración final sobre la caída de Jerusalén (Jer 52.1-34)

Llegamos al último capítulo del libro de Jeremías. Curiosamente su contenido es fundamentalmente histórico, y no incluye ninguna referencia al profeta. Se ha especulado con la posibilidad de que se trate de un agregado editorial posterior, derivado de 2 Reyes 24.18-25.30, que está colocado en este lugar con el propósito de corroborar el cumplimiento de las profecías del anatotita.

El reinado de Sedequías (52.1-3)

Para contar la caída de Jerusalén el texto se remonta al relato del último rey de Judá: Sedequías. Como ya se ha mencionado en otras ocasiones, llega al trono por mano de Nabucodonosor cuando su sobrino Joaquín es llevado al cautiverio. Posiblemente por esta razón mucha gente de Judá no le considera un legítimo rey, y esto dé lugar a que se acreciente el poder de la nobleza, que le presiona para que establezca una alianza con Egipto. Esto, sumado al vasallaje al que le ha impuesto Babilonia, hacen de este monarca un líder débil que empeorará la situación de Judá hasta llevarla a su destrucción. Las observaciones sobre Sedequías en estos versículos son muy escuetas, y se resumen en dos cuestiones íntimamente relacionadas: «hizo lo malo ante los ojos de Jehová» (52.2) y, contrariamente a lo que Dios le había dicho (38.14-20), «se rebeló contra el rey de Babilonia» (52.3).

Sitio y caída de Jerusalén (52.4-27)

A los nueve años de iniciado el reinado de Sedequías (589-588 a. C.), Nabucodonosor asedia Jerusalén. La estrategia consiste en impedir la entrada y salida de gente y de mercancías de una ciudad amurallada, produciéndole una crisis alimenticia y sanitaria que la debilita hasta caer. De hecho la narración dice que la conquista de Jerusalén se produce «cuando el hambre en la ciudad era ya tan grave que no había pan para el pueblo» (52.6). Esto acontece en julio del 587 a. C.

Al tomar cuenta de la derrota, Sedequías y sus jefes militares escapan (39.4; 52.7), pero son perseguidos y atrapados por los caldeos, quienes matan a los hijos del rey y luego a este le sacan los ojos y le transportan engrillado hasta Babilonia, donde permanece encarcelado hasta su muerte (52.11). A los pocos días, llega a Jerusalén Nabuzaradán, capitán del ejército babilónico, para cumplir la orden de incendiar las principales construcciones de la ciudad. Así se destruye el preciso templo de Yahvé, construido unos cuatrocientos años antes por Salomón, después de saquear los tesoros que aún quedaban en él. El relato ofrece un detalle de los objetos valiosos que se envían a Babilonia (52.17-23).

Como si esto fuera poco, se lleva a cabo la segunda deportación. En este grupo se transporta a una gran parte de la población, especialmente compuesta por sus líderes, familias nobles, militares y herreros —estos últimos, para evitar que pudieran fabricar armas. Solo dejan a la gente campesina, con el fin de que esta cultive la tierra y produzca algún beneficio para Babilonia. Y finalmente se menciona a un conjunto de personas, altos funcionarios religiosos y de gobierno, quienes son llevadas a Ribla y mueren allí ejecutadas en presencia de Sedequías (52.24-27). Ningún relato sobre estos acontecimientos deja conocer los pensamientos de este rey ante la gran catástrofe nacional y personal que le sobreviene. ¡Pero cuánto mejor le hubiera resultado obedecer la voz de Dios!

Las tres deportaciones (52.28-30)

Ahora la narración se ocupa del tema de las deportaciones. Se especifica que estas ocurren en tres oportunidades. La primera de ellas corresponde al reinado de Joaquín, cuando este mismo monarca es capturado y transportado a Babilonia, en el 598-597 a. C., y abarca el número de

Narración final sobre la caída de Jerusalén

«tres mil veintitrés *hombres* de Judá» (52.28). Esta cifra difiere de la que ofrece 2 Reyes 24.14, que asciende «hasta unos diez mil», lo que tal vez se deba a que esta última cantidad incluya a las mujeres y a los niños. La segunda deportación se produce con la caída de Jerusalén (587 a. C.) e involucra a «ochocientas treinta y dos personas» (52.29). Finalmente se menciona una tercera expatriación, en el 582-581 a. C., que asciende al número de «setecientos cuarenta y cinco hombres» (52.30), y que puede relacionarse con la muerte de Gedalías. Así el texto concluye totalizando el contingente de cautivos en «cuatro mil seiscientas» personas (52.30).

Aunque estos versículos parezcan una mera enunciación de cantidades que hasta podrían resultar relativamente pequeñas para nuestros días, en realidad son una pieza clave en la conclusión de este texto y al final de «las palabras de Jeremías» (1.1), porque este grupo constituye el remanente sobre el cual se cumplirán las promesas de restauración de Yahvé (especialmente contenidas en los capítulos 30 al 33). Estas «cuatro mil seiscientas» personas, o cualquier otro número que sean, son los «higos buenos» (24.1-10), aquellos a quienes el Señor «edificará» y «plantará» porque le conocerán con todo su corazón. Así, subrepticiamente, el libro de Jeremías, tan cargado de denuncias y advertencias trágicas, concluye con una palabra de esperanza.

El final de Joaquín (52.31-34)

Han pasado varias décadas desde la caída de Jerusalén. Han quedado atrás las deportaciones, la muerte de Gedalías y la huida del grupo sobreviviente a Egipto. No se sabe qué ha sido de Jeremías ni de Baruc. Transcurre el año 562-561 a. C. y hay ciertos cambios en Babilonia. Ahora Evil-merodac se sienta en el trono caldeo. Joaquín, el rey que en su primera juventud fue llevado al cautiverio, aún vive. Ha estado prisionero por treinta y siete años, cuando inesperadamente se produce un cambio en su suerte. El emperador caldeo le saca de la cárcel, le trata amigablemente y le concede un lugar especial en relación a otros monarcas cautivos. «Le hizo mudar también los vestidos de prisionero, y ya siempre comió pan en la mesa del rey, todos los días de su vida» (52.33).

Al igual que los versículos anteriores (52.28-30) esta porción contiene un mensaje de esperanza. Joaquín es el legítimo heredero de la corona de

David y el primero en comenzar a experimentar las señales de la futura restauración de Judá. Todavía falta que el proceso de purificación se complete, y de hecho, aunque en mejores condiciones, Joaquín muere en el exilio. No obstante, vienen los días de la restauración, y será Zorobabel (Esd 2.2, Neh 7.7), uno de sus nietos, quien tendrá el privilegio de mandar sobre el primer contingente en su regreso «a casa».

Capítulo 10
Lamentaciones

Lamento por el cautiverio (1.1-22)

El primer poema del libro de Lamentaciones consta de veintidós versículos y está redactado en forma acróstica: cada versículo comienza con una letra del alfabeto hebreo, respetando su ordenamiento. Su estilo sigue el de los cantos fúnebres de la época, aquí utilizado para expresar el profundo pesar por la tragedia venida sobre Jerusalén. Desde la perspectiva de sus temáticas es posible segmentarlo en cuatro partes.

La primera sección describe la tristeza de Jerusalén por el cautiverio (1.1-7). En estos versos se caracteriza a la ciudad mediante el uso figuras femeninas. La primera de ellas es que la muestra como «viuda» (1.1). En el contexto del Antiguo Testamento generalmente se emplea este término para definir no solo a una mujer que ha perdido a su esposo, sino a aquella que tampoco tiene hijos, de manera tal que es expresión de una enorme vulnerabilidad y desamparo. En este sentido el autor busca destacar su soledad, acentuando la imagen con el contraste de las grandes muchedumbres que albergaba en el pasado. La segunda metáfora femenina es la de «señora de las provincias» (traducida como «princesa» en BA) que ahora se ve convertida en «tributaria» (1.1). Este último vocablo significa que ha perdido su autonomía y que ahora se debe al imperio que la domina. El énfasis de estas figuras está puesto en su decadencia, que la han convertido en «esclava» cuando supo ser libre. La tercera metáfora es la de la mujer abandonada y traicionada por sus muchos «amantes» (1.2). En el contexto de este verso, este término parece señalar las antiguas alianzas que Judá tenía con las naciones vecinas, y que ya no solo no son respetadas, sino que varios de estos pueblos no han tenido ningún miramiento en actuar en su contra. De aquí que el autor diga que los «amigos» de esta mujer se han convertido en sus «enemigos» (véase como ejemplo el caso de Edom, 4.22).

Sola, esclavizada y traicionada son las tres primeras descripciones de la situación de Jerusalén sobre las que giran los restantes versículos de esta primera parte. Su soledad se ve agudizada por la dureza de las deportaciones (1.3, 5). Además de esto, la ciudad que supo ser el centro de las festividades religiosas está completamente abandonada. Sus «sacerdotes gimen» (1.4) a causa de la destrucción del templo, y las «vírgenes» (las doncellas que solían tocar sus panderos en las celebraciones, Sal 68.25) «están afligidas» (1.4), seguramente a causa de la muerte y el exilio de sus seres queridos.

En cuanto a la pérdida de su libertad, este es el mismo destino que sufren los cautivos. Hasta quienes quisieron escapar fueron perseguidos y puestos «en estrechuras» (1.3) —expresión que parece hacer un juego de ideas entre su sentido literal que apunta al apasionamiento físico como en su significado emocional que implica su sometimiento a grandes angustias. Por último esta sección trabaja la cuestión de los enemigos. A la imagen anterior, que resaltaba la traición de las otras naciones, ahora se le agrega un componente más complejo. Estos «amantes» desleales están alcanzando honor y prosperidad «porque Jehová la afligió [a Sión] a causa de sus muchas rebeliones» (1.5). Así el autor da a entender que Dios mismo está de parte de los adversarios de Sión, y que el bienestar que estas naciones experimentan es una manera más de humillar a Judá por su desobediencia. La «traicionada» es en realidad la «traidora», porque ha desconocido su alianza con el Señor.

La segunda parte de este lamento se engarza en este último concepto y trata sobre las razones del cautiverio (1.8-9). Todas sus desgracias son fruto de su pecado (1.8). El autor vuelve a emplear una metáfora femenina, ahora para hablar de su injusticia. Elige así la figura de una mujer que tiene su falda manchada de sangre (1.9; imagen usada por Jeremías para referirse a la sangre de personas inocentes: Jer 2.34, aunque aquí podría significar la sangre de la menstruación). En cualquier caso, el énfasis está puesto en que «la mujer» es tomada por sorpresa y queda expuesta su vergüenza. Este es el caso de Judá. Aun obrando pecaminosamente

Lamentaciones

nunca creyó que le esperaba un destino como el que ahora enfrenta, y su suerte parece tomarle desprevenida. Por cierto hay que tomar estos dichos con cierto cuidado. Dios le había advertido de este futuro por medio de sus profetas, especialmente del propio Jeremías. Sin embargo, su apego a la ideología dominante (véase la Introducción a Jeremías) le cegó y ahora despierta para enfrentar una horrible pesadilla.

En su tercera parte el poema detalla los sufrimientos de Jerusalén (1.10-17). El primero que se menciona es de índole religiosa e involucra la profanación de su lugar más sagrado (1.10). Los caldeos saquearon sus tesoros y gente gentil, cuya presencia estaba prohibida en el templo, entró al santuario con total irreverencia. Su segundo gran sufrimiento es la hambruna (1.11). ¡La ciudad que supo ser próspera ahora no puede alimentar a sus habitantes! En tercer lugar se menciona el dolor por causa del «fuego» (1.13), que parece destacar la magnitud de la devastación causada por el incendio intencional que provocaron los ejércitos caldeos. Sin embargo, la angustia más profunda que sufre Jerusalén radica en saber que por causa de sus iniquidades Yahvé se ha colocado en su contra. Hablando en primera persona la ciudad reconoce que detrás de todas sus desgracias está el Señor que «me ha entregado... pisoteó a todos mis hombres fuertes... llamó a gente contra mí... de mí se ha alejado» (1.14-16). ¡Este es su más terrible sufrimiento!

El primer lamento culmina con un ruego (1.18-22). La oración comienza con la confesión de su pecado. ¡La restauración de la comunión con el Señor es imposible sin el arrepentimiento! Es interesante que aquí se use un vocabulario derivado de «rebelión» (1.18, 20, 22). El libro de Lamentaciones ofrece una muy rica gama de términos para referirse al pecado, que implica la determinación de confrontar la voluntad divina. El reconocimiento de su propia maldad conduce a Judá a aceptar con resignación el castigo de Dios sobre ella. La declaración es contundente. Pese a su tremendo sufrimiento: «Jehová es justo» (1.18). Así y todo, sabiendo de su merecida condena, pide al Señor que le «mire» (1.20), que le considere, que le extienda su misericordia. La señal de que Dios le devuelva su favor es que se cumpla el castigo de sus enemigos. De aquí que el verso final contenga un pedido de venganza (1.22). Esta conclusión es compleja y en primera instancia parece estar motivada por el encono contra los adversarios.

Esta interpretación nos coloca ante un dilema moral, ya que el Evangelio enseña a no procurar la venganza (Mt 5.37-39; Ro 12.19), aunque en el contexto de este lamento no puede descartarse la posibilidad de que esta sea una expresión poética que expresa la intensidad de las emociones de los sobrevivientes. También es posible pensar que esta solicitud tenga motivaciones teológicas. Si verdaderamente todo el sufrimiento de Judá es consecuencia de su pecado y del juicio justo del Señor, esta misma justicia tiene que manifestarse en la obra soberana de Yahvé sobre las demás naciones que son tan o más inicuas que ella. En este sentido, pedir venganza sería una manera de rogar el pleno establecimiento del gobierno divino sobre todos los pueblos.

Lamento por la caída de Jerusalén (2.1-22)

Este segundo lamento, al igual que el anterior, está estructurado en veintidós versículos que también constituyen un acróstico, con la única variante que dos de sus letras están invertidas, sin que se conozca la razón de esta alteración. Su contenido es semejante al de la primera lamentación, aunque aquí se ofrece una descripción más detallada y vívida de la magnitud de la destrucción.

En su desarrollo se reconocen tres diferentes porciones. La primera tiene como tema central la concepción de que la raíz de la tragedia de Judá se debe a que Dios está contra Jerusalén (2.1-9). El autor es enfático en este sentido y llega a caracterizar a Yahvé como «enemigo» (2.5). La oposición divina se representa con la figura de la «oscuridad» (2.1). Ahora Jerusalén está en sombras. Ha perdido a aquel que ha sido su «luz y… [su] salvación» (Sal 27.1). Estas tinieblas se manifiestan en lo vasto de su destrucción. Desde las poblaciones rurales hasta la ciudad amurallada, todo fue derribado por la mano del Señor. Y aun más, su enemistad se ha exteriorizado al punto tal de acabar con el templo (2.7). Ninguna otra cosa tenía un valor tan simbólico como el santuario, donde habitaba la mismísima presencia de Yahvé. Permitir su destrucción es la máxima señal de su ira y de su determinación de abandonar a su pueblo.

La segunda parte del poema relata los sufrimientos de Jerusalén (2.10-17). No cabe duda de que su autor tiene que haber sido testigo ocular de los hechos, por la precisión de las descripciones. Lo primero que se manifiesta es la angustia de haber perdido el liderazgo. Los «ancianos»

Lamentaciones

(2.10) que aquí se mencionan eran líderes civiles en el sistema judaico, y representan uno de los sectores más poderosos de la nación. Ahora, después de la destrucción de la ciudad, han perdido toda su autoridad. No tienen nada que decir. Solo «callan» mientras «echan polvo sobre sus cabezas y se ciñen ropas ásperas», como se hacía duelo en la antigüedad. El pueblo ha perdido sus referentes y se duele sin saber qué hacer.

Pero esta desgracia es leve en comparación con la que viene. Al mejor estilo de las «confesiones de Jeremías», el poeta habla de la intensidad de su sufrimiento. Ya no se trata de la extinción de un sistema. Ahora concierne al fundamento mismo de la supervivencia de la nación. La hambruna es tan grande que no hay con qué alimentar a los niños, quienes mueren de hambre en los brazos de sus propias madres (2.11-12). ¡Pocas escenas pueden ser más desgarradoras que esta!

El autor dirige a Jerusalén unas palabras en las que emplea un lenguaje muy afín al del profeta Jeremías. Le llama «hija de Jerusalén» y «virgen hija de Sión» (Jer 4.11, 31; 6.2, 23; 8.19-11; 9.1, 7; 14.17; 31.4, 21). Y en consonancia con la simbología del anatotita, que en algunas ocasiones interpreta el pecado de Judá como una enfermedad (2.25, 8.18–9.3; 30.12-17), le pregunta retóricamente: «¿quién te sanará?» (2.13). El pueblo sufre como quien tiene una dolencia incurable. En gran medida todos estos pesares tienen como responsables a los falsos profetas, que en lugar de advertirle sobre las consecuencias de su maldad le engañaron con palabras mentirosas (2.14).

Otra muestra de su amargura está representada en la burla, en el desprecio y en la depredación que experimenta por parte de las naciones enemigas (2.15-16). Finalmente, la sección termina con la reiteración de una idea mencionada en el primer lamento (2.17; 1.14-16). El mayor sufrimiento para Judá está en reconocer que su tragedia viene de parte del Señor.

Al igual que el poema anterior, este lamento también culmina con un ruego por Jerusalén (2.18-22). El poeta convoca a Jerusalén a elevar súplicas a Dios clamando por su misericordia, pero esta vez es imprescindible la sinceridad: «Derrama como agua tu corazón ante la presencia del Señor» (2.19). Si aún son incapaces de tal contrición no tienen más que volver su mirada a los niños desfalleciendo de hambre y la enorme cantidad de muertos, hombres y mujeres de todas las edades, para tomar conciencia del horror en que viven como consecuencia de haber pecado contra Dios. Quizás resulte llamativo que esta intercesión culmine con una nueva enunciación de los sufrimientos de Judá. Parece una oración carente de toda esperanza. El poeta está embargado por su profunda tristeza, pero a pesar de todo, y en medio de sus aflicciones, prevalece su voz que convida a su gente a «levantarse» y a buscar a su Dios cada día (2.19).

Esperanza en tiempos de lamentación (3.1-66)

El tercer poema de Lamentaciones es el más extenso del libro. Contiene sesenta y seis versículos y conserva el formato acróstico, aunque en este caso los tres primeros versos comienzan con la misma letra —la primera letra del alfabeto hebreo, los tres segundos con la segunda letra, y así sucesivamente. La mayor parte del lamento está expresado en primera persona del singular y se especifica que quien habla asume la identidad de un varón, en contraste con las imágenes femeninas de los capítulos anteriores. Lo que en primera instancia parece manifestar la perspectiva de su autor también puede interpretarse como la personificación de la comunidad toda (véase 3.40-47). Considerando su temática es posible identificar en él cinco segmentos diferentes. El primero de ellos trata sobre la aflicción ante la tragedia de Judá (3.1-20). Sus versos tienen un tono altamente dramático, ya que el énfasis está en que detrás de todas las penurias se encuentra la acción de Dios en respuesta al quebrantamiento del pacto. La desobediencia ha provocado el «enojo» (3.1) del Señor, que se manifiesta en una mudanza radical de su relación con su pueblo, al punto tal que el poeta siente la angustia de su enemistad. Estos versos presentan muchas semejanzas con el libro de Job. Sin embargo, desde la perspectiva de la teología retributiva, la situación en los dos casos es completamente opuesta: mientras que Judá recibe «merecidamente» el castigo por su pecado, Job padece «injustamente» a pesar de su fidelidad. En todo caso, ambos comparten la experiencia del sufrimiento. Son notables los paralelos entre uno y otro, quienes se sienten en oscuridad (3.2; 3.6; Job 19.8); hostigados por Dios (3.3; Job 7.19); enfermos (3.4; Job 7.5; 30.30); acorralados (3.5; 3.7; 3.9; Job 3.23; 19.8; 19.12); desoídos en sus oraciones (3.8; Job 30.20); devastados (3.10-13; Job 10.16; 16.9; 16.12-13); objeto de burlas (3.14; Job 30.9); llenos de amargura (3.15; Job 9.18); sin paz (3.17; Job 3.26); y sin fuerzas ni esperanzas (3.18; Job 7.6; 17.15).

Lamentaciones

¡Qué declaraciones tan claras de las múltiples emociones y pensamientos que puede tener una persona que está atravesando momentos de dolor!

Pero lo más bello que tiene este poema, y que también se encuentra en el libro de Job, es su mensaje de esperanza (3.21-36). Este es el tema central de la segunda sección del tercer lamento y el núcleo de todo el poema. El fundamento de la esperanza es la misma persona del Señor y sus atributos: Yahvé tiene «misericordia» (3.22; traducción del hebreo *hesed* que también implica su fidelidad o amor leal). Así nos encontramos ante la porción más conocida del libro de Lamentaciones: «Que por la misericordia de Jehová no hemos sido consumidos, porque nunca decayeron sus misericordias; nuevas son cada mañana. ¡Grande es tu fidelidad!» (3.22-23).

Existen discrepancias en cuanto a la primera frase de estos versos. La traducción RVR toma como base un texto que parece indicar que cuando la justicia y el amor de Dios se encuentran, el castigo tiene su límite en la compasión divina. El texto alternativo, la NVI sigue, cambia el énfasis: «El gran amor del Señor nunca se acaba…» (3.22), aun cuando no se pierde la esencia de la expectativa en la intervención favorable de Yahvé. De aquí el poeta pasa a considerar el asunto de la «espera» en medio del sufrimiento, y lo hace en tres etapas. En la primera, parece responder a la pregunta implícita de por qué esperar (3.24-25). Sus argumentos vuelven la mirada a la persona del Señor. La razón de la esperanza en tiempos de adversidad reside en que Yahvé es «bueno» (una nueva referencia a sus atributos), es fiel con quienes le buscan con sinceridad y es la única herencia («porción», 3.24) que ninguna tragedia puede quitar de las manos de los hijos e hijas de Dios (como señala la NVI: «El Señor es todo lo que tengo…»). En segundo lugar se plantea la cuestión del cómo esperar (3.26-30). El concepto más sobresaliente de estos versículos radica en la espera silenciosa. Una vez más el autor se aproxima al libro de Job, ya que aunque aquel está lleno de discursos, su clímax se alcanza cuando Job calla y aparece Dios. La idea aquí es muy profunda, y no está apuntando a enseñar que no se ore en medio de las dificultades, sino a que una espera sabia requiere dejar de pedir explicaciones a Dios o de justificar las acciones propias, para contemplar con expectación la presencia misma del Señor junto a quienes padecen. El tercer aspecto tiene que ver con la espera y el propósito del sufrimiento (3.31-36). Yahvé no es un Dios que disfruta con el sufrimiento de su pueblo. Dios «no se complace en afligir o entristecer a los hijos de los hombres...» (3.33). Por ello hay que mantener las esperanzas en que las pruebas tienen un final, cuando han dado el fruto para el cual Dios las has ha dispuesto. Precisamente de esto trata el tercer segmento de esta lamentación (3.37-41), que actúa como conclusión de los párrafos anteriores. La verdadera esperanza del remanente está en arrepentirse de los pecados, aceptar la disciplina divina, y en volverse a Dios de todo corazón.

En su cuarta parte, el poema retoma la cuestión de la aflicción de Judá, abordada ya en la primera sección, solo que aquí, aunque también desarrolla una faceta descriptiva, la atención está más centrada en la interpretación teológica. El sufrimiento que experimenta la nación es consecuencia de su pecado (3.42-54). Todos sus pesares y desgracias se presentan por la propia confesión: «Nosotros nos rebelamos y fuimos desleales...» (3.42). Es por esta razón que Dios parece situarse en enemistad con su gente: no perdona (3.42-43) porque no hay genuino arrepentimiento; les persigue con su ira (3.43); no les escucha (3.44); les ha humillado ante las demás naciones (3.45-46); y les ha puesto en ruina y destrucción (3.47). Toda esta tragedia conmueve los sentimientos del poeta, que se exteriorizan en un llanto amargo mientras espera que el Señor dé fin a su aflicción (3.48-51).

La quinta y última parte de este lamento, así como los dos capítulos anteriores, culmina con un ruego a Dios (3.55-66). Aquí nos encontramos ante una porción que parece referirse al testimonio personal de su compositor. Es evidente la semejanza de su lenguaje con las experiencias vividas por Jeremías (3.52-57; Jer 37.15-21; 38.6-28), lo que podría confirmar su autoría o bien verse como un recurso literario del escritor, que en ambos casos podría cumplir la función de identificar la actual situación de Judá con la intensidad de las penurias del anatotita. Anímica y espiritualmente la comunidad está como prisionera en un pozo y al borde de su extinción. Y es desde allí, desde lo más profundo de su desolación, que clama al Señor. Su oración es por su propia liberación (3.58), pero también incluye una imprecación (3.59-66). Este tipo de peticiones siempre causa incomodidad a los ojos cristianos, aunque se debe intentar comprenderlas más allá de su literalidad y verlas como un vehículo que permite manifestar la frustración y el enojo humanos, pero que finalmente encomienda su causa al Señor sin tomar la venganza por sus propias manos. El final del tercer lamento puede sonar con un tono de gran negatividad. Sin embargo, no deja de ser una muestra más de esperanza, que necesita incluir la justicia divina —justicia que ciertamente ha alcanzado a Judá, pero que también recaerá sobre todas las demás naciones que practican la iniquidad.

Lamento por el castigo de Judá (4.1-22)

El cuarto poema de Lamentaciones mantiene la estructura acróstica de los anteriores, con la diferencia de presentar dos líneas bajo cada letra del alfabeto hebreo. Su tema central es la interpretación de la tragedia venida sobre Judá en términos de castigo divino por su pecado. Bajo esta óptica, ya anticipada en los capítulos anteriores, y alineada con la teología retributiva, se desarrollan sus tres secciones.

Los primeros versos describen las escenas del castigo (4.1-12). Su lenguaje abunda en contrastes, que comienzan con la identificación de la gente de Judá con los metales preciosos que adornaban el santuario de Yahvé. Así como este fuera destruido y saqueado, de igual modo la nación ha perdido su brillo y su valor. Sus habitantes se encuentran en la mayor de las miserias, sin encontrar siquiera con qué alimentarse. Esta situación se acrecienta con el uso de dos figuras de supremo dramatismo que se centran en los padecimientos de los niños y niñas de Judá: no hay con qué sustentarles (4.4) y hay quienes se vuelven víctimas de canibalismo (4.10). La hambruna es de tal intensidad que las personas, hasta quienes formaron parte de las clases más encumbradas, están desfiguradas por la inanición (4.5, 7-8). El horror es extremo y el poeta no escatima palabras para exponer la crudeza de una situación que nunca antes nadie hubiera podido imaginar en el destino de esta nación (4.12).

De aquí el poeta avanza a una segunda parte en la que señala a los responsables de tanta tragedia (4.13-20). Se trata, ni más ni menos, que del liderazgo religioso de Judá. «Fue por causa de los pecados de sus profetas y las maldades de sus sacerdotes, que derramaron en medio de ella la sangre de los justos» (4.13), declara contundentemente el poema. En esto el autor coincide con la interpretación teológica de Jeremías (Jer 6.13-15; 8.10; 10, 21; 23.11-40): cuando quienes asumen la tarea de guiar espiritualmente a la comunidad se desvían y se alejan de Dios, sobreviene la desgracia. Esto es un serio llamado de atención tanto para quienes ejercen el liderazgo cristiano, que tiene que mantenerse fiel a su Señor, como para la feligresía, que no debe desentenderse de sus responsabilidades.

Las últimas palabras de este lamento se refieren al castigo de Edom (4.21-22). Si bien su tono es menos drástico que el final del tercer poema, mantiene su carácter vengativo una vez que se identifica específicamente a uno de los enemigos de Judá. Edom tiene como antepasado al mismísimo Esaú, hermano de Jacob (Gn 36.1). Edom y Judá llevaban la misma sangre. Sin embargo, el pueblo edomita no solo no les socorrió durante la invasión caldea, sino que se convirtió en aliado de Babilonia y se ensañó contra la población judía. Por ello el poeta declara el juicio de Dios sobre aquel país, al igual que lo hace Jeremías (Jer 49.7-22) y especialmente el profeta Abdías (Abd 1—18). Este último describe con exactitud el pecado de Edom: se alegraron con la desgracia ajena, saquearon sus bienes cuanto pudieron, mataron y entregaron a la muerte a quienes procuraban escapar. Por todo esto les sentencia de manera rotunda al decirles: «Como tú hiciste se hará contigo; tu recompensa volverá sobre tu cabeza» (Abd 15). El cuarto lamento concluye así con esta declaración de la soberanía y la justicia de Dios sobre todos los pueblos, que ha actuado sobre Judá y que no dejará sin castigo a su malvado «pariente».

Oración por el pueblo (5.1-22)

El último capítulo de este libro es una excepción a los anteriores en tanto que no guarda un formato acróstico, si bien conserva la estructura de veintidós versos, uno por cada letra del alfabeto hebreo. También difiere de los cuatro restantes en cuanto a su tenor, ya que es fundamentalmente una oración y no un lamento.

Observando este ruego es posible identificar en él tres porciones. La primera, y la más extensa, presenta una descripción de los padecimientos que aquejan a la nación (5.1-15). La súplica está dirigida a Yahvé, a quien, ante todo, se le pide que se acuerde (no porque se olvide, sino como énfasis de que conserve en su memoria) todo lo que esta gente ha sufrido. El detalle de sus circunstancias bien puede percibirse en términos de sus detrimentos. Han perdido sus posesiones, «heredad» y «casas» (5.2); sus familias (5.3); los bienes básicos para su subsistencia (5.4, 6, 10); su libertad (5.5, 8, 13); su seguridad (5.9); su dignidad y su integridad física y emocional (5.11-12), y la vida de sus líderes (5.12). La suma de tantas

Lamentaciones

pérdidas les ha conducido a su actual estado de «luto» (5.15). El pueblo de Judá no puede sobrellevar solo su duelo. Necesita del Señor, a quien le ruega que le «mire» y que le «vea» en su «oprobio» (5.1).

Si bien por un momento el autor parece querer deslindar sus propias responsabilidades (5.7), la enunciación de su oración le conduce necesariamente a la confesión de sus faltas: «¡Ay ahora de nosotros, porque hemos pecado!» (5.16). Este es el espíritu de la segunda parte de esta súplica (5.16-18). Dos imágenes describen la situación de la comunidad, y una tercera la de Jerusalén. Por causa de su trasgresión sus corazones están entristecidos (5.17; «abatidos», según BA) y no consiguen discernir las cosas con claridad (5.17). ¡Ciertamente el pecado tiene estos efectos! En cuanto a la ciudad, la iniquidad ha traído sobre ella tal desolación que se ve merodeada por «zorras» (5.18). Estos animales atacaban los viñedos, y en este caso su mención podría querer ilustrar el hecho de que por la destrucción de las cosechas las zorras llegaban incluso a acercarse a la ciudad a buscar algún alimento. Sin embargo, también es posible traducir el vocablo hebreo como «chacales» (como lo hace NVI), ya que esta opción se admite en otros textos veterotestamentarios (véase Jue 15.4). Esta segunda alternativa parece más apropiada al contexto, ya que los chacales comen carroña, y su inserción aquí parece reforzar la mortandad en Jerusalén.

La oración de Lamentaciones concluye con una súplica por la restauración (5.19-22). Pese a todas las pérdidas y a tanto dolor, el poeta declara su confianza en la autoridad y soberanía de Dios, quien está en control de todas las circunstancias y cuyo gobierno nunca cesa. Este es el fundamento de la legítima esperanza: que todo puede pasar, pero su «trono» permanece para siempre (5.19). A este Señor majestuoso se dirige esta oración, y se le pide su pronta intervención mediante el uso de una pregunta hiperbólica: «¿Por qué te olvidas completamente de nosotros y nos abandonas por tan largo tiempo?» (5.20). Esta es la expresión de un sentimiento común entre quienes atraviesan la aflicción. La apreciación del tiempo cambia y parece que Dios se tarda, o hasta que les ha abandonado. Sin embargo, sabemos que esto es solo una percepción. ¡El Señor siempre está presente y obra en el momento oportuno!

El poeta clama por la restauración de su pueblo al Dios que reina por la eternidad. Su deseo es que la relación entre ambos pueda recomenzar, pueda ser «como al principio» (5.21). Esta era una promesa que Yahvé les había dado por boca de Jeremías (Jer 33.7, 11), y ahora es el clamor de la comunidad sobreviviente. El último versículo de este ruego puede traducirse tanto como una oración adversativa —«no sea que nos hayas desechado totalmente, y estés enojado en gran manera contra nosotros» (5.22 BA)— o en forma de interrogación: «¿O acaso es que ya nos has desechado y estás airado del todo contra nosotros?» (5.22 RVR). En ambos casos, este final que parece negativo permite que se le interprete como una expresión retórica que espera un «¡no!» como respuesta, en un dramático intento de resistirse a creer que Dios les haya desechado totalmente. Al fin de cuentas, este ruego está dirigido a Yahvé, *cuyas misericordias nunca decayeron, nuevas son cada mañana. ¡Grande es su fidelidad!* (3.22-23).

Capítulo 11
Conclusión

Jeremías y Lamentaciones son dos obras que reflejan el período más trágico de la historia hebrea en el Antiguo Tesamento. Lo fue en el sentido material por la magnitud de la destrucción: ciudades y cultivos arrasados; Jerusalén, incendiada; el templo, saqueado y destrozado. Todo esto es parte del inventario de pérdidas físicas y económicas, pero resultó peor en el plano humano y espiritual. Las muertes y las deportaciones significaron un golpe tremendo contra la nación. Babilonia fue un imperio muy cruel y sin vacilaciones aplicó su política de terror contra Judá y contra sus vecinos. Tanta desgracia produjo también un fuerte impacto en el plano religioso. La ideología dominante fue desafiada y no soportó la prueba de la historia. Sión había caído y Judá había sufrido una humillación sin precedentes. Ante tales circunstancias, la comunidad en el exilio bien pudo haberse desintegrado por completo, pero no fue esto lo que ocurrió. Sucedió lo que Jeremías y otros profetas habían anunciado: que el Señor restauraría a un remanente que volvería a ser su pueblo, y Yahvé volvería a ser su Dios (Jer 30.22).

¿Cómo fue posible esta transformación espiritual en el grupo en cautiverio? Gracias al ministerio de fieles siervos del Altísimo, particularmente de Jeremías y de Ezequiel. Si solamente se observa la vida de Jeremías, sus quebrantos personales y la indiferencia de sus contemporáneos a sus anuncios, podría pensarse que su trabajo fue un fracaso, pero a la luz de la perspectiva histórica de los sucesos posexílicos, las contribuciones teológicas de este profeta (y en la misma línea, del libro de Lamentaciones) permitieron que el remanente reelaborara su fe y que Judá sobreviviera como el pueblo del pacto.

Bibliografía selecta

Day, David, *Jeremías: Portavoz de Dios en tiempos de crisis* (Terrassa: Editorial CLIE, 2002).

Harrison, R.K., *Jeremías y Lamentaciones* (Buenos Aires: Ediciones Certeza, 1988).

Henry, Matthew, *Comentario exegético-devocional a toda la Biblia. Libros proféticos. Tomo 1: Isaías-Jeremías-Lamentaciones* (Terrassa: Editorial CLIE, 1989).

Jensen, Irving L., *Jeremías y Lamentaciones* (Grand Rapids: Editorial Portavoz, 1979).

Thompson, J.A., *Jeremías. Introducción, comentario y notas* (Buenos Aires: Nueva Creación, 1992).

www.ingramcontent.com/pod-product-compliance
Lightning Source LLC
Chambersburg PA
CBHW071927290426
44110CB00013B/1509